科學天地 401C | World of Science

觀念數學 1
如何學好中學數學

任維勇　著

如何學好中學數學

目錄

第二章
數學的特性與學習　　　　48

第三章
正確學習數學的方法

第四章
解決數學學習的問題 270

前 言

執教二十多年，看過很多令人同情的學生、無助的家長，他們耗費了很多時間與金錢，卻沒有收穫。只因找不到學習方法，造成學生的痛苦，家長的無奈。學生最大的問題在於學習方法，大多數同學都沿襲不正確的方式，效果始終有限，因為他們已經養成了固有的學習習慣，不是三言兩語可以改變的。很多老師都會不斷提醒學生：「要理解，要思考，不要死背。」可是很難詳細告訴學生如何理解、思考？如何學好高中數學？

所謂不正確的方式，就是過度使用記憶與熟練，代替應有的理解與思考。很多學生就是這樣學數學：上課專心聽講、抄筆記，回家後拿出筆記，先背公式，然後將老師教過的再看一次，或照著筆記再算一次，然後拿出參考書，努力做題目，會的就做，不會的就看解答，不懂的就記下來。

這樣也不能說錯，只是好像少了什麼？不錯，少了思考。**高中數學最重要的是邏輯的因果關係，而計算過程是工具。**模仿與熟練只適用在最基本處，真正的學習是要學到解決問題的能力。只在記憶與熟練，當然效果有限。

簡單說，數學學習的最後成果是解題，解題的過程需要思考。數學思考與生活思考很類似，只是需要更精確，而且先要對數學內容有充分理解，才能夠運用數學知識做思考工具。**深度的理解、精確的態度與自然的思考，就能學好數學。**詳細地說，就是本書的內容。

坊間也有不少有關數學學習的書籍，大多是翻譯國外著作。有的適用於研究者，談的是大環境、大方向；有的適用資優生，談的是解題的技術；有的只是用趣味碰觸數學，而無實際幫助。沒有一本針對高中生的數學學習。

我用了兩年多寫出這本書，針對高中生，詳細寫出正確的學習方法，其中範例也都取自目前國、高中的教材。同時也告訴學生為什麼要這樣做？只有先了解為何現在的學習無效，才能了解為什麼要改變自己習慣的方式，才願意試著用本書所說的方法。其中一部分的內容，也合適家長閱讀，讓家長也能了解該如何幫助孩子。

本書所說的方式是高標準的，如能完全做到，必能成為數學高手。開始時也許很難完全做到，只要確認學習方向做下去，一旦習慣了，不但能學好數學，更能學得輕鬆，並且享受學習數學的樂趣。

不同的階段，各有不同的學習方法，國小、國中、高中、大學的學習方法與重點，都有些不同，本書針對的正是高中階段的數學學習。有少數國中生，已經能以本書所談的方式學數學，這些學生多半也是能夠輕鬆又快樂學好數學的學生。不過，限於國中生的心智成熟度與課程需要，也不用強求，以免揠苗助長，大約在國三時逐漸改變即可。至於高中生，就必須用本書的方式學習了。將來上大學後，學習必須更深入，思考必須更精確。

本書共分四章。

第一章為**打破數學學習的迷思**，我列出11項似是而非、不完全正確、卻是很多人的直覺想法。我深入說明或加以修正，希望破除這些迷思。建議家長與學生一起閱讀，也可以一起討論，當你們也能體會出，只靠記憶與熟練無法學好數學，才能真心願意去改變學習習慣。

第二章為**數學的特性與學習**，這裡要重建學生對數學的正確認識，也說明正確的學習態度。我要強調，學習數學所需要的思考，與我們日常的思考差別不大，只要運用自己的智慧，將它用在數學上。

第三章為**正確學習數學的方法**，也是本書最重要的一章，內容即在詳細解說學習數學的細節與數學思考的方法。請學生仔細閱讀，並且想一想是否這才是理解數學的方法？盡量照著做，最好還能經常翻閱本章，並檢視自己的學習。剛開始沒辦法完全做到，也沒關係，先至少做到一部分，就會對數學有全新的感受，覺得有效了，再更全面地去做。

第四章為**解決數學學習的問題**，這一章我將學生的問題細分成多種類型，直接針對各種類型，提供最可能的原因與改進的方法。家長和學生可以一起想想問題出在哪裡，再做相應的改正。

　　附錄是**簡易邏輯**，如要精確的學習數學，了解數學的邏輯是必要的，學生若還不清楚，就必須學習。我盡量用淺顯的方式說出重點，並將學生最容易犯的錯誤列出來。

　　能夠完成這本書，要感謝所有教過我與被我教過的人，是你們讓我對數學學習有這麼深的感受。尤其是老婆在我寫書期間對我的包容，以及北一女中溫、良兩班寶貝給我的鼓勵，其中蘇意涵、林妏霙同學更給我很多寶貴意見。

如何使用本書──家長

　　首先，致上個人真摯的敬意。會閱讀本書的家長，不僅是關心孩子課業，而且是會去尋求適當方法的家長。

　　教育孩子真的是門學問，也是挑戰，是一種甜蜜的辛苦。對父母而言，孩子的成長只有一次，失敗就很難重來。我也是孩子的爸，常常覺得教育的資訊不易取得，就書籍而言，只有學齡前教育比較充足，上國中以後，幾乎就只看得到參考書，明知道那是填鴨，可是有別的選擇嗎？

　　上高中以後，很少家長有辦法自己幫助孩子，我遇過不少父母是博士、教授，可是術業有專攻，他們也無法樣樣顧到。像我是高中數學老師，我也只懂數學，孩子的英文我就一竅不通了。

　　有人以為只有成績不好的學生家長才會覺得困擾，實際上，關心孩子的家長多半都戰戰兢兢的看著孩子成長，不管是生活還是課業，成績不好會令人擔心，成績好的希望他更好，有時看到家長的焦慮甚至超過孩子。

　　這裡順便提醒各位家長：**去尋求更好的方法幫助孩子，而不是一味的要求孩子。**還有，不要讓孩子看見自己的焦慮；父母的焦慮有時也會變成孩子沉重的壓力。

即使各位家長完全不懂數學，那也無妨，請先仔細閱讀本書第一、二章，去了解數學的特性與學習的方式。這兩章與數學內容無關，每個人都可以看懂，也可以和孩子一起看，一起討論。**了解數學的特性，才有辦法幫助孩子**，而不只是一再要求孩子努力得高分而已；同時，也可以知道孩子面對的困難是什麼，該怎樣去循著正確的方法學數學。然後再看第四章，**針對孩子的問題，提醒孩子改正習慣**。

如何使用本書——國中畢業生

首先，恭喜你進入學生生涯的新階段，既期待又怕受傷害；也恭喜你閱讀本書，踏出了正確的第一步！過去很多優秀的國中畢業生，到了高中就受到嚴重的傷害，於是很多人盡量提早學習高中教材的內容，但其實，更重要的是**要學習高中該有的學習態度與方法**。

曾聽過一個建中資深老師說，他遇過一個學生，從高二開始，數學通常只有兩種成績：0分和5分，0分是正常的，5分是因為題目有錯而送分。能考上建中，當然基測的數學成績一定很高，怎會有如此下場？不能適應高中數學，由挫敗到排斥，最後變成放棄，令人惋惜。

　　我必須提醒，高中數學與國中數學真的很不同，難度與廣度加大是必然的，學習的方法也勢必需要大幅的改變。回想從小學到國中階段，就有不少人被數學打敗了。通常不是不用功，而是學習方法無法隨階段改變，事實上，求學（或人生）的每一個階段，都有不同的方法和方向，不能順應變化而調整，勢必被淘汰。

　　請先仔細閱讀第一、二章，先了解高中數學的難度，做好心理準備。再仔細閱讀第三章，完全不懂的例子可以跳過，等學到時再翻閱比較。要隨時拿出本書檢驗自己的學習方法是否正確。記著，本書提醒的是方法，照正確方法做下去才會有效果。

　　祝你們上高中後都有順利的起步。

如何使用本書——高中生

如果你已經讀完了高一數學，一定能體會高中數學變化多端，難以捉摸。閱讀本書後，一定會有很深的感觸。

不論你現在的數學成績如何，請先仔細閱讀第一、二章，想一想書中所說的是否有道理。再仔細閱讀第三章，比較一下自己的學習。對於定義、定理的理解夠深入嗎？解難題時有自己思考嗎？改變學習的方式是很困難的，**了解自己是改變的第一步**。

如果你正為數學苦惱，改變數學學習方法是唯一的路。改變永遠不遲，初期可能不適應，甚至因為破壞既有的節奏而痛苦。努力照著本書去做，做不徹底也無妨，先要求走對方向。首先掌握第三章第5節的「基本解題策略」，再配合深入的學習，試著自己去解題，很快就能對數學有新的感覺。

如果你對於學習數學已有心得，你應該已經有了正確的方向，請你仔細研讀第三章第8節的「構築解題策略」，相信你一定會發現更多好方法，你也一定願意用更多的思考。本書會讓你再突破，讓你的數學百尺竿頭更進一步。

祝你們都能在數學中找到樂趣。

第一章

打破數學學習的迷思

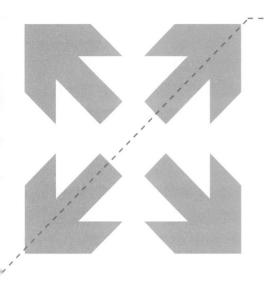

大家都明瞭「給他魚，不如給他釣竿」的道理，不只是給他釣竿，更要先讓他明白為何要用釣竿，還要教他怎樣使用釣竿，否則給了他釣竿，可能變成了曬衣竿或打狗棒。

不正確的學習方法，簡單地說，就是過度使用記憶與熟練來學數學，而不是用理解與思考。會有這樣的結果，其實是長期錯誤的習慣與認知造成的。而廣泛存在於許多人心中的一些迷思，更阻礙了學生調整學習方法的動機！唯有先打破對於數學的迷思，讓學生了解錯誤學習方式所產生的危機，才能使學生願意改正學習習慣和方法。

常常有新認識的朋友知道我是數學老師後，第一句話就是：「啊！數學是我以前最怕的科目。」這表示很多人在學生時代都恐懼數學。有的父母當年就怕數學，因為抓不到方法而學不好，現在教育子女，同樣不知道該如何督促子女學數學，有的仍舊沿襲自己當初的想法去要求子女，於是對數學的害怕就這麼代代相傳。不僅在台灣，這情況舉世皆然。

這一章我希望家長與學生一起閱讀，除了可以打破傳統上對數學的誤解，也能了解為什麼要改變學習方法。

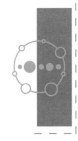

迷思 1
國中數學是這樣學的，高中數學也應該這樣學。

我們先來看看，國中數學與高中數學有什麼不同？

從小學到大學，學習的方式需要不斷地改變。小學的數學幾乎都是用直觀，看得見的真實問題，覺得對就好，不需要證明，過程也不會太長。

國中的數學引進較多的符號系統，開始出現一些生活中不易印證的內容，有少許的證明，也出現一些規則，需要用推理來解決問題。

到了高中，數學離生活越來越遠，邏輯的推論漸漸占更重的分量，推論必須更精確，題目的變化更大，解題的過程變長，直觀的想法已經不足以應付了。

如果大學讀數學系，那就變得更抽象了，幾乎完全是邏輯的思維，直觀只是輔助思考的工具。

每一個階段的學習方式和要求不同，是因為要配合學生心智的成長，這些改變是循序漸進的，會越來越接近純數學的本質。小學生無法用高中生的數學思考模式，高中生的數學也無法用小學生的方法學習。

原本學生按部就班學習，依著教材逐漸改變學習方式，應該不會有太大問題，可是由於升學考試的壓力，不只是學生，還包括家長和老師，常常因此而扭曲了數學的學習，這現象在國中與高中都很常見。

回到我們的問題:「是否可以用國中時的方法來學習高中數學?」這個問題,要看國中時期是如何學數學的,倒不是國中數學成績好,就一定可以照著以前的方法學習數學;至於那些國中時期就學得很辛苦的學生,當然更要修正學習的方法,否則高中數學會更慘。

只有兩種學生大致可以不必擔心。

第一種學生是,國中時在數學方面沒有花很多時間,就能夠考得很好的同學。不要懷疑,真的有一些學生是如此,他們已經抓到了學數學的方法,總是能夠輕鬆學好數學,這些學生在進入高中後,也會再自行思索而找到適合高中的學習方法。正確學習數學的方向在國中與高中相差不多,可惜只有很少數的學生掌握到方向。

另一種學生就是,國中時即熱愛數學,我是指那種喜歡數學本身的學生,而不是只喜歡數學分數或數學老師的學生。這種學生已經領略了數學的樂趣,會廣泛涉獵課外的數學,而他們的數學成績也都很好。

那麼,那些國中三年都戰戰兢兢努力算數學、同時也能得到不錯成績的學生,又會面臨什麼處境呢?

這些同學多半沒有用對方法,但是由於國中數學範圍不大,考題變化不多,所以藉由不斷反覆練習,通常也可以得到不錯的成績。像這樣,運用記憶與熟練來代替理解的方法,在國中時期可能還有效,可是上了高中就不行了。這樣的學生通常數學分數還不錯,可是不喜歡數學,也不知道數學到底學了什麼。

這樣的學生其實很多,去年(2008年)國際教育成就調查委員會(IEA)公布調

查結果，台灣八年級學生數學平均成績全球第一，但對數學的興趣和自信卻吊車尾！這結果該讓我們仔細檢討。

　　拿國中數學與高中數學來超級比一比，高中當然比較難，分量也多了很多倍——其實更重要的是，高中數學比國中數學更抽象、更精細而嚴謹，因此相對的，在高中階段，邏輯推論會比演算更重要。這本來就是數學這門學科的特性，只是高中階段要求更高，如果讀到大學數學系，要求又會比高中階段更高。

　　至於考試題目，當然就更廣泛而難以捉摸，每年的學測與指考題目推陳出新，學校的考題也跟著變化多端。不僅數學科是這樣，其他科目也大致如此。

　　那麼那些認真學習數學，花了很多時間，而且考了高分的學生，他們的學習方法有問題嗎？這很難說對或錯，可是他們的學習方法可能適用於考高中的基測，卻不適用於考大學的學測與指考。

　　國中老師的教學目標是考好基測，考好基測的方法很多，較多的國中老師的教學方法偏重於「熟能生巧」，結果造成只有少部分學生會在熟練後再自己想清楚，而多半學生在熟練到足以應付考試後，就不會再深入思考了。國中數學多為基本運算而變化不大，靠機械式記憶和不斷演算，確實可以拿到高分。

　　我知道很多國中數學補習班會用幾種有效的法寶，一種是嚴格管教，看你敢不敢再做錯。曾經有一個學生很認真地告訴我：「我爸爸跟我講，學校老師不可以打學生，補習班老師可以。」天啊！這是哪門子的道理？

　　另一種是死纏爛打，學不會（應該是「記不得」或「做不對」）你就別想回家，繼

續做到會為止，否則星期天還要再來做。

還有一種是循循善「誘」，做對了就記點，累積點數換獎品。很多家長都有這樣的經驗，大把鈔票讓孩子去補習，孩子不知感謝，補習班老師略施小惠，孩子就感激涕零。唉！做父母的通常也只能感嘆，只要孩子考好就阿彌陀佛了。

即使學校老師也可能是這樣。

阿超是個活潑的學生，喜歡數學也樂在數學，基測數學滿分。有一次，他私下告訴我他在國中遇見的兩位數學老師，那是一所師資優良的私立學校。國一的老師上課活潑而精采，有時天馬行空，偶爾不知所云，卻很有啟發性，常使他東想西想。

班上也有幾位同學像他一樣因而喜歡數學，這幾個同學後來在數學上也都有傑出的表現，但是全班的數學成績，卻非常不理想。有的學生抱怨上課抓不到重點，有些家長反映老師的作業、考試太少。

國二換了一個數學名師，上課幽默又有權威，解題時條理而清楚，又有很多手段和技巧，將全班治得服服貼貼，全班的數學成績也脫胎換骨般在全年級名列前矛。新老師一直教到他們畢業，全班都很喜歡新老師，只是阿超覺得新老師把數學變得不再有趣。

這是國中數學老師的使命：讓全班學生考高分，將他們送進理想的高中。所以，**很多學生經過反覆練習，變成基測高分卻不了解數學的學生，這些學生上高中後，如果不能改變學習數學的態度，當然就學不好了。**

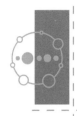

迷思2
國中數學都學不好，高中數學沒救了。

　　沒有什麼情況會沒救了，只有認定自己沒救的人，才是真的沒救了，俗話說「哀莫大於心死」，只要不放棄，就永遠有機會。

　　國中數學很爛的同學，要清楚過去錯誤的原因，方法不對，就永遠學不好數學。先將本書徹底看一遍，想一想本書的說法是否有道理，再檢視一下自己以前的學習方法是否不妥。真正了解過去的錯誤方法，才可能真正的改正。下一步就是，認真執行本書所講的學習方式。開始會很辛苦，畢竟要立即改變既有的習慣很不容易，但是一陣子以後，你就會發現學數學也可以很有意思。

　　至於國中沒學好的數學，可以重新再學一次，只要把課本裡的數學真正讀懂就行了。也可以配合高中數學，遇到跟國中數學有關的部分，再由基本重新來過，多做一點基本運算即可，不用擔心比人家少學了三年的東西。國中三年的數學，大約相當於高中一冊的分量，你就這麼想：「別人三年讀六冊，我得三年讀七冊。」並不難做到吧。

　　我見過很多學生，國中時數學成績平平，高中時數學成績突飛猛進，一般人的說法是「他突然開竅了」，其實是他**抓到了方法，學習自然就得心應手了**。

迷思 **3**
數學學不好就是因為演算題目不夠。

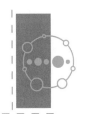

　　這話有三分道理與七分迷思。演算題目是學習數學的必經階段，不過數學內容尚涵蓋推理與論證，演算題目絕不是最重要的。運用正確方法，多做不同的題目，會加強解題的能力，但若方法錯誤，做再多題目也是枉然。

　　簡單來說，多做題目是要能不斷累積解題經驗，變成有用的知識。可是有的學生雖然很努力，卻只在吸收一堆零碎又不完整的片段，又不能加以融會整合，最後還是頭腦空空。中國有句老話：「行萬里路勝讀萬卷書。」西方也有句：「哈巴狗環遊世界一周，還是隻哈巴狗。」問題不在做題經驗多，而是經驗是否能夠累積成有用的知識。讀完本書第三章，你就能了解這中間的差別。

　　數學不是熟能生巧的技能，數學重要的是推理與論證。不懂而拚命算，是浪費時間，懂了而一直做重複的演算，是原地踏步；只有懂了以後再不斷算不一樣的題目，才會進步。

　　很多家長看到孩子成績不理想，首先想到的就是練習不夠，於是，買一堆參考書、測驗卷，逼孩子再多花一點時間，再多算一點數學。反正多做不會錯，最好一遍又一遍地反覆做，這也開始了學生學習數學的噩夢。

　　其實，大多數排斥或放棄數學的學生都經過了很多努力，只是因為方法不對，拚命算了之後仍舊考不好，一再受到挫折，直到有一天，他覺得自己永遠都學不好數學了，或者覺得將時間用在其他科目上比較有效率，因此選擇跟數學說再見。

　　部分老師也會陷入這種迷思，沒有提升學生對問題的理解層次，也沒有建立學生自己解決問題的能力，只是賣力地講解與不斷地考試，然後埋怨學生為什麼總是記不住，最後徒留無奈的老師與無助的學生。

　　「多算就自然會了」是很多學生、家長，甚至部分老師共同的迷思。

　　在一個基礎法文班上，老師從頭到尾都只用法語上課，有學生下課後向老師抱怨聽不懂，老師親切地告訴學生：「不管你聽不聽得懂，只要常常聽，你自然就會懂了。」學生回答：「但是我家狗每天亂吠，我聽了10年還是聽不懂牠在叫什麼？」

　　這比喻也許過分了點，但道理是相同的，因為只有懂了以後的練習，才是有效的學習。多半學生的問題是沒有充分理解，而不是演算不夠，如果不能加深理解，再怎麼反覆運算也是沒有用的。本書第三章也會仔細說明如何深入理解。

　　數學的重點是邏輯的推演，而不是機械式的運算，在真正理解數學後，只需要適量的運算即可。相反的，**如果在沒有充分理解以前，只是不斷的運算，對數學學習非但沒有幫助，反而可能阻礙了提升數學理解層次的機會，因為反覆練習常使學生只是記熟做法，卻自以為已經學會了。**

　　這是很危險的，因為只要一遇到稍加變化的題目，學生就會束手無策，尤其經過一段時間後，更容易因記憶生疏而忘記做法。長久這樣，學生會變得自以為都學會了，但很快就都忘了，而在考試的時候，每題都自以為會寫，但都沒有把握，只能希望答

案是對的（甚至自己也不知道是否算對了），或者自認考得不錯（因為都有算出一個答案），發下考卷才發現分數不是自己預期的。

這樣的學習還有一個缺點：學過的東西會在一段時間之後忘得一乾二淨。

有人相信「一分耕耘，一分收穫」，但在學習數學方面，這句話卻未必正確。每個班級總能看到有些學生非常努力學數學，卻總是學不好，同時也會發現一些學生輕輕鬆鬆學好數學。

「只問耕耘，不問收穫」，常常造就一些悲劇英雄；「要怎麼收穫，先怎麼栽」，才能事半功倍，獲得大豐收。學習數學時，一定要先弄清楚正確的學習方法，接下來的努力才會有收穫。

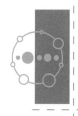

迷思 **4**
多背點公式就能解出題目了。

　　背公式當然是學習數學的一部分，但「拚命想著多背公式，以為這樣就能解更多題目」就不正確了，確實有一些學生以為學數學就是「背公式，然後代公式解題目」，因為有些國中生就是這樣學數學的，而這樣的想法是嚴重的迷思。

　　有一次一個朋友買了烤箱，就急著請我們這群死黨去喝下午茶、吃點心，一夥兒人興高采烈地到了他家，卻看到他滿頭大汗拿著說明書，面前擺著麵粉、雞蛋和一片混亂，然後……那天最後還不錯，大夥兒吃外送的比薩，聊得很盡興，至於那個烤箱，它至少可以幫我們把涼掉的比薩加熱。

　　後來那位朋友幾經挫折，終於學會了幾種精緻小點心的做法，每次見面都向我吹噓他的手藝，說做點心的學問比數學還深奧。

　　烤箱可以烤麵包、蛋糕、點心、火雞、……，但好廚師靠的是經驗、技術，不是靠最新、最進步的烤箱。從前沒有烤箱的時代，廚師依舊可以做出美味的蛋糕；有時學生完全沒用公式，也照樣解出難題。世上有一流的廚師，沒有一流的烤箱；有一流的解題高手，沒有一流的公式。

　　有學生學了一個新公式，就趕快把它背起來，然後就以為自己已經學會了；有學生看到一個新題目，就想趕快學一個新公式來解它，以為這樣就學好數學了。其實，背完公式，就像買了新烤箱，一切學習才要開始──公式只是個工具，如何靈活使用

它才是重點。背了一大堆公式而不去深入理解，就像買了整套百科全書，放在書架上而不知道如何使用。

相信大家都有這種經驗：一個看似奇怪的難題，怎麼做都做不出來，最後看解答才發現，解法平淡無奇，不過是幾個自己都用過的方法結合在一起，這麼「簡單」，怎麼我都想不到呢？

想像一下：一個學生抱著一本數學公式大全，他就變成了數學達人嗎？當然不會。

如果你已經是高中生，回想一下：那些考試時不會做的題目，是因為你少背了公式，還是無法正確使用公式？或是根本不用公式就可以解出來？

這是很多學生會有的錯誤觀念：以為公式是個捷徑，能夠避開數學必需的理解，而直接以最有效率的方式解決數學問題。有的學生迷信公式，以為學數學就是背公式，解題目就是套用公式，總希望找到最多、最完整的公式背起來，然後就再也沒有算不出的題目了。

其實，學數學只需要對基本公式純熟，再加上對每一個公式的徹底了解，而不是像背國文課本那樣背。至於該如何背公式？該如何徹底了解公式？可參閱本書第三章第2、3節，此處只希望你能了解：**數學不是一大堆公式堆砌起來的，學數學不只是背公式、套公式而已。**

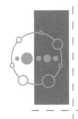

迷思5
多學點特殊技巧就可以解出難題。

　　學數學本來就包含學習一些技巧，如果以為「多」學點特殊技巧就能夠解決數學裡的難題，那就走錯方向了。不僅是難題，那些變化多端的題目，也都必須靠正確的解題觀念和熟練的基本知識，才能解決。

　　有的學生迷信特殊技巧，以為多學一些特殊技巧，做題目就可以省時省力，反而錯失了真正必須學會的知識。

　　其實，我不覺得有哪一個技巧真的叫做特殊技巧，技巧就是技巧，第一次看到它，覺得很特殊，用過它三次，你就會覺得是一般技巧，用過它十次，就更覺得根本是基本技巧了。所謂特殊技巧，只是有些老師或作者的花招，讓學生以為自己學到了獨門必殺技而雀躍不已。

　　每個技巧背後，都有數學意義，如果沒有去了解完整的意義，只不過是記下一個特殊的漂亮用法，而覺得這是的特殊技巧。

　　有一則笑話是這樣的：

　　國中老師用了一個奇怪方法解出一個怪題目，然後跟同學說：「這原因很難懂，上高中後，高中老師就會教你們。」

　　上了高中後，高中老師又用了同樣的方法解出一個怪題目，然後跟同學說：「這原因很難懂，上大學後，大學教授就會教你們。」

終於上了大學，大學教授又用了同樣的方法解出一個題目，然後跟同學說：「這原因很簡單，你們以前就學過了吧。」

當然，用一個技巧巧妙地解決複雜問題是令人愉快的，但是這樣對數學程度或解題能力真的有幫助嗎？這就要視技巧的運用範圍與學生的理解程度而定了。如果你自己能夠完全了解一個技巧，也能利用同樣的技巧延伸變化，解決其他的問題，那麼這就是值得學習的技巧，但如果只是學來漂亮地解決一個單獨的問題，又不能充分理解它，還不如去**使用自己真正了解的方法，即使慢一點也無妨**。

多年的教學經驗裡，在解出了學生的問題後，程度越差的學生越會問：「這是公式嗎？」我也聽到了他們心裡的聲音：「原來我沒背這個公式，所以我不會做。只要我……」程度好的學生就會問：「為什麼可以這樣算？」他們心裡的聲音是：「這方法還可以怎樣應用？」

偶爾遇到高難度的問題，我也會用學生不易理解的特別方法快速解出，這時只有那些程度非常好的學生會問：「如果不用這方法，有沒有其他慢一點的做法？」

學生面對題目時的不同心態，自然造就出各自不同的數學程度。

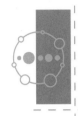

迷思 **6**
懂不懂沒關係，反正我會做題目就好。

　　「只要會做題目就可以拿高分，何必花一大堆時間弄懂它？」乍聽之下，好像有點道理，其實在高中數學的學習上，這是不可能的。偶爾有老師說：「你現在不懂做法沒關係，先背下來，以後就會了解了。」這是非常不負責任的話，會誤導學生對數學的認知。

　　如果不懂而會做，那就只是在記憶題目的做法而已。一個學生有辦法記多少題呢？高中數學有多少不同的題目呢？只就課本、參考書而言，每章至少超過500題，那麼高中就超過一萬題了，可是每年的推甄、指考都會出現很多課本、參考書上從沒出現過的新題目。以我為例，就常常要花點時間想出一些新題目，讓學生能夠多思考。題目永遠做不完，更別說統統記下來。

　　背一個題目的解法很快，但要完全理解它，就要花好幾倍的時間。完全理解一個題目，就會做很多類似的題目，背了很多相似的題目，最後反而會分不清了。有些學生國中時可能真的只記下來再不斷練習，因為國中題目少而且變化不多，這樣土法煉鋼或許還真有點用，可是高中就真的不一樣了。

　　下面10個問題都有不同的做法，這些題目只是標準的題目，也就是還沒有加入更多變化的題目。（高中排列組合單元）

(1) 將5個不同的球放進7個不同的箱子裡，共有多少種不同的方法？
（答案：16807）

(2) 將5個不同的球放進7個相同的箱子裡，共有多少種不同的方法？
（答案：52）

(3) 將5個相同的球放進7個不同的箱子裡，共有多少種不同的方法？
（答案：462）

(4) 將5個相同的球放進7個相同的箱子裡，共有多少種不同的方法？（答案：7）

(5) 將5個不同的球放進7個不同的箱子裡，每箱最多放1個，共有多少種不同的
方法？（答案：2520）

(6) 將5個相同的球放進7個不同的箱子裡，每箱最多放1個，共有多少種不同的
方法？（答案：21）

(7) 將7個不同的球放進5個不同的箱子裡，每箱至少放1個，共有多少種不同的
方法？（答案：16800）

(8) 將7個不同的球放進5個相同的箱子裡，每箱至少放1個，共有多少種不同的
方法？（答案：140）

(9) 將7個相同的球放進5個不同的箱子裡，每箱至少放1個，共有多少種不同的
方法？（答案：15）

(10) 將7個相同的球放進5個相同的箱子裡，每箱至少放1個，共有多少種不同的
方法？（答案：2）

類似的例子不勝枚舉。

如果沒有真的理解，不可能記下來而不混淆，更何況還有一些沒見過的新題目，所以在高中數學的範疇裡，不可能「不懂卻會做題目」，只可能「背下某個題目的解答再忘掉」。有人以為每天做 10 題，100 天後就會做 1000 題，可是只在背數學的學生 100 天後還是只會 10 題——最後一天所背的那 10 題。

數學程度好的學生會這樣問我：「老師，這題我考試的時候硬湊出答案了，可是我不知道合理的做法是怎樣，請老師教我。」而那些數學成績低落的學生常會說：「老師，只要告訴我怎樣做就好了。」一句問話，就能完全顯露出不同的心態與連帶造成的結果。

回到一個根本的問題：究竟是「懂才是最重要的」？還是「能熟練使用最重要」？也許有人會覺得兩者當然都重要，但課堂裡時間與資源有限的情況下，哪一個應該優先？

在美國，1990 年代發生一場數學學習的論戰，起因於美國數學教師協會大力提倡的數學教育改革，主張數學課要多利用討論等等方法，來激發學生的思考與創造力，才能提升學生的數學能力。這個想法引起激烈的爭辯，也有不少家長和老師認為，過分強調高階解題技巧而忽略基本計算，是本末倒置的。

類似的爭議在國內也引起一陣軒然大波，就是在九年一貫新教材實施不久後，數學教育學者引進建構主義所引起的混亂。這原本就是一個相當具爭議的問題，可惜的是，一般大眾只看到報紙新聞上，部分教師與家長一面倒地撻伐所謂「建構式數學」，其間夾雜著不少誤用和誤解，而少見教育學者理性的討論。

　　這類爭議通常是各執己見而不會有結果的，我不想加入這些爭論，只想用大家聽得懂的說法來解釋一下。對於高中數學而言，我覺得**基本的東西要「懂了再熟練」，而深入變化的東西要「深入理解」，因為有變化的題目太多，沒有那麼多時間去熟練，也沒有必要去熟練。**

　　至於哪些是需要熟練的？哪些是需要理解的？我有獨特的看法，本書第二章與第三章會有進一步的分析。

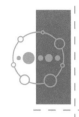

迷思 **7**
我懂這是什麼，只是我說不出來。

有些孩子對恐龍很著迷，聊起恐龍就能從白堊紀說到侏羅紀，各種大的、小的、肉食的、草食的、……，如數家珍般地滔滔不絕，這表示他真的很喜歡恐龍，也具備很多恐龍的相關知識，絕不會說：「我懂恐龍是什麼，只是我說不出來。」

有時候我會直接問學生：「什麼是實根勘根定理？」這是高中第一冊的一個重要定理，很少學生可以清楚回答出來。

有的學生完全不知道該如何表達，也有的學生會說：「就是那個，那個，ㄟ……，反正我知道啦，看到題目我會做就是啦。」這種學生真的會做一些常見的題目，但是對定理不是不了解，而是一知半解。

這不是好現象，表示學生學習重心在解題目，而定理對他的意義只是套進特定的題目而已。這樣學數學，就很容易忘掉，而且很難去發揮定理，用來解沒見過的題目，遇到那種純考觀念的題目更會傻眼。

真正懂一個定理，就一定能夠精確而清楚表達出來，而且還能說出很多定理本身以外的內容，**說不出來就是沒有完全了解，會做題目只代表了解一部分。**

很多學生將「我聽過，我知道」或「我會做這題」當成「我懂了」，所以不再繼續深入思考，也造成數學無法繼續進步。我們都喜歡舉一反三的能力，而事實上，精通一個定理，就能解出一大堆見過的或沒見過的題目，舉一反十都不成問題，這才是學習數學的王道。在本書第三章，會更清楚指出深入理解的意義。

學數學應該是「熟悉定義、定理，而且能用來解題目」，不是「熟悉題目，而且能套公式、定理解題目」。這看起來很相似，其實是天壤之別，好像畫家與畫工的差別。

畫工會畫花、畫鳥、畫山水，而且栩栩如生，可是只能畫那些已經刻意練過的圖案；畫家的每一幅畫都不一樣，看到的每樣東西都能畫出它的神韻，表達不一樣的意境。即使是素人畫家，沒有專業的手法，也能畫出讓人有深刻感覺的畫作。

我讀高中時就聽過一句話：「讀通課本，數學就可以考六十分。」在那個聯考高標只有四十多分的時代，六十分已經是很多人的夢想了。

後來我教書時，也有學生問我：「聽說只要讀通數學課本，聯考就有高標了，是真的嗎？」我可以這樣說，只要「讀通」課本，再加上一些解題觀念和良好作答習慣，學測和指考就能有九十分；我不願說一百分，是因為考試時很難講會不會有意外。

但不要聽了這句話，就以為學數學很簡單，這「讀通」可不是看數學課本一百遍就可以做到的。好好讀完本書第三章，自然就會明白這「讀通」兩字的意義。倘若擁有正確而深入的理解與思考，也許一兩遍就能讀通了——當然，這樣的一兩遍，也是要花很多時間去思考的。

「我懂這是什麼，只是我說不出來」其實就代表著一知半解。學完一段數學後，將書本蓋起來，自己用一張白紙寫下學過的東西，這些能寫出的東西，才是自己學會的東西。想像別人不懂，試著說出來解釋給別人聽，就能真正了解自己學到了什麼。

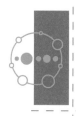

迷思8
數學考不好，趕快去補習就可以了。

　　台灣的補習事業可能是全世界第一名，只要有考試，就有相應的補習班，常見的有：升學、公職、英語、才藝、駕照。我所知道最誇張的例子是，一個多年前的學生大學畢業後，全家移民加拿大，後來特地回台灣參加「美國藥劑師考試」的補習，我猜可能因為美國都沒有這種補習吧！很多人一想到考試，就先想哪裡可以補習，覺得補習必定有效，可以幫助自己輕鬆通過測驗。

　　很多家長在孩子考上高中後，第一個想到的就是：該去哪裡補習？更多家長面對孩子不理想的成績，立刻想要孩子去補習，也會多方打聽，哪個親戚朋友家的孩子數學好？他在哪家補習班補習？目前高中數學家教班的收費，大約是每學期15,000元左右，多半家庭還能應付。可是，補習一定有效嗎？

　　其實，很少學生會相信補習班是萬靈丹。有些學生因為從國中就一直補習，到了高中，也理所當然地繼續補習，已經將補習當成習慣；有些學生將補習當成吃補藥，總覺得大概沒有壞處吧，當然也希望多少有點幫助；有些學生覺得大家都補習，自己不補習顯得怪怪的；有些學生看上補習班的抽獎或贈品；有些學生將補習當成安慰劑，認為反正我都補習了，再考不好就不是我的錯了。

　　補習班競爭非常激烈。一般而言，補習班老師是非常專業的，他們比很多學校老師更賣力，他們真的是一分耕耘、一分收穫（金錢報酬）的心態在辛苦工作。問題在於：那是個自由市場的競爭，每個老師都想要招收更多的學生。於是，上課內容精

采最重要,老師將上課視為表演;學生輕鬆學習最重要,這是應觀眾要求——在速食文化下,好吃就好,誰管營養價值?如有附加價值更好:學校考試考得好就有獎金。

這樣的結果,跟補習班老師的專業或良心無關,而是學生對補習班老師的期待造成的。真的,很少補習班老師會為學生做扎根的工作,那真是吃力不討好,如果真的那樣做,那些不能體會老師苦心的學生就流失了。天啊!一張張鈔票飛走了。

我曾經在補習班教過很多年,與一些前輩級的老師有些私交。有些紅極一時的名師,當時很照顧我,現在多半都退休了。以下是一些他們真心教過我的「金玉良言」:

「你要找一些很難的題目,用最簡單的方法解出,讓學生感覺你原來比學校老師強很多(題目合不合適無所謂);你要把簡單的題目不斷地延伸,讓學生感覺原來還有這麼多東西,學校老師都沒有教(題目有沒有用不是重點)。這樣學生才會覺得來補習有意義。」

「做一個成功的老師,你要讓考好的學生感激你,覺得都是你的幫助;要讓考不好的學生覺得你教得很好,考不好都是因為他自己不用功。」——這是多高深奧妙的境界啊!發揮到極致,就是造神運動,一切榮耀歸於祂,一切苦難都是祂對我的考驗。

「有些東西真的不容易講清楚,有些學生也真的就是聽不懂,此時記得講個笑話,他們笑一笑就會忘了心中的疑惑。」——這是比較有良心的做法,也有補習班老師乾脆跳過不教,反正學校老師會教。

當然,補習班亦有正面的價值,我也相信補習班的存在是有必要的。教學方法千百種,老師又有個人的風格與特質,**沒有哪一種教法一定對,再好的老師也無法適合每一個學生**。每個班級都有學生彷彿與學校老師八字不合,無論怎樣就是無法適應

老師的教學。這就是補習班存在的意義,讓學生有學校以外的補救機會,畢竟在學校裡是沒有選擇權利的。

有一些學生確實在補習班獲得了幫助。多半補習班老師很用心,每節課都經過精心策劃,有的講義精美內容充實,有的教學有系統而資料完善。上課時,有的活潑生動,有的和藹可親,也有的高高在上,形形色色都不同,不一定有用,可是學生可以選擇,有機會找到一個合適自己的老師。

但是在學校裡,不管是否合適,學生只能默默接受,補習班等於是給學生另一個選擇機會。有的學生在學校真的聽不懂,也許他們在補習班就聽懂了;而有的學生在學校受盡打擊後,又在補習班重拾信心,再次接受挑戰。

現在過多的學生在補習,但只有部分學生受惠,很多學生都是受風氣與宣傳的影響而補習。不管是否需要,也不管是否有幫助,每一科都補,結果變得睡眠不足,在學校上課沒精神,自己思考的時間不夠,造成學習被扭曲。很多學生在補習班花費了時間和金錢而毫無收穫,甚至有些學生在補習班得到反效果卻不自知。

說實在的,數學不好的原因多半出於學生自身的學習方法不正確,少部分原因是因為學生與學校教師之間的互動不良。前者去補習通常沒有用,後者則可能有幫助,但不論前者或後者,都有可能反受其害。如果真的需要,也要多試聽比較;沒有最好的補習班,只有最適合自己的補習班。

在補習班常感覺學得快、學得多,但學得扎實更重要,而補習班很少能幫助學生學得更扎實。**請把補習當成補救教學的一種,不要將補習當成補藥,拚命亂補也可能變成毒藥。**

迷思**9**

數學考不好，趕快請家教就可以了。

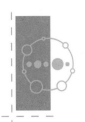

　　請個家教在家一對一教學也可能有用，不過費用比補習班貴很多，家教的時薪大致從300元起跳，貴的時薪可能要到3000元以上。為什麼有這麼大的差距？先要考慮你需要的是什麼樣的家教？因為每個家教有不同能力。

　　家教大致可分為下列幾種：

　　第一種只是陪小孩讀書。一般要有愛心的大學生就可以勝任。目前時薪約300元，比在速食店打工好多了，但這種家教對高中生其實沒有什麼幫助。

　　第二種能夠解題，有時也能夠清楚解釋題目。一般中上程度的大學生可以做到這樣。目前這樣的家教時薪約400～600元，教國中生比較能勝任，如果與孩子互動良好，效果就會不錯。

　　第三種不僅能解題，也能講解內容。這種家教大致是國立大學高材生，會在上課前有所準備，並有若干家教經驗。目前這樣的家教時薪約700～1000元。如果只是要有個老師解釋不會做的問題，這樣的家教可以勝任，高中生若要請數學家教，至少要這個等級。

　　第四種不僅能解題，分析題目，也能講解整體內容。這種家教是大學本科系畢業，任職於學校或補習班的老師。目前這樣的家教時薪至少1500元以上，而且不容易找到。

　　第五種能夠講解整體內容，針對學生的程度與學生的問題，安排適當教材，並導正學生學習方法。這種家教，只有經驗非常豐富的公立高中或補習班老師才能做到。

目前這樣的家教時薪至少 2500 元以上，而且是可遇不可求的。

這是目前家教的一般合理行情，可是最重要的是家教本身是否有耐心和責任感。如果由認識的人介紹，比較有保障，如果由家教中心介紹的話，就要再經過試教來過濾，看他的能力是否符合他要求的時薪。

家教有一些學校、補習班沒有的優點。一對一家教的時候，一方面學生不可能不專心，一方面可以完全針對學生個人的學習情況。

小楨曾是我家教的學生，她的數學程度中上，就讀於明星高中。她學習非常認真，可是遇到有變化的題目，就常束手無策，以致數學成績到了一個水準就難再突破了。但很多時候，我覺得她只是不習慣**多思考一下**，直接就認定自己不會而放棄了。為了加強她的能力與信心，我在很多次她提問時，因為我知道那樣的題目她應該能自己算出來，我就不直接教她。

以下是我們的對話：

「把題目再看一次，畫個圖吧。」

「應該是這樣吧。」

「題目求的是平面方程式，我們有什麼方法呢？」

「嗯……好像是這樣，可是……」

「還缺什麼條件？再看一遍題目。」

「嗯……啊！我知道了。」

　　經過多次類似的經驗，她逐漸有更多的信心，也能在面對難題時更努力思考，成績也突破了原有的瓶頸。

　　有些學生從家教得到了真正的幫助，因為像上面所說的這種針對個人的學習方式，是在其他任何課堂上，老師無法做到的，這也正是一對一的好處。

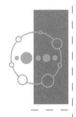

迷思 10
數學學不好，因為我的頭腦不好。

　　每當我告訴別人我是台大數學系畢業時，常有人會馬上說：「那你的頭腦一定很好。」或「那你一定很聰明。」這一類的話。其實數學很單純，我也是一個思考單純得幾近於駑鈍的人。

　　有一次在家吃晚餐時，不知什麼緣故惹得太太生氣，她突然冒出一句：「我不要和你在同一個桌上吃飯了。」然後她就走到客廳看電視去了。

　　我知道她生氣，也知道她還沒吃飽，所以我加快速度趕快吃飽後，再到客廳對她說：「我吃飽了，妳可以上桌吃飯了。」她已經氣得快說不出話了：「你沒有一點智商嗎？看見我生氣了，還在那慢慢吃，不曉得先讓我吃啊？」

　　好在她了解我的思想就是這麼單純，叫我擺碗，我就不會想到也要擺筷子，看著我無辜的眼神，她也就氣消了，誰叫她當初就是看上我呆呆的老實相，才願意嫁給我。

　　沒有人願意承認自己頭腦不如人。會說這句話的學生，大都是認真努力過，卻是一次又一次的挫折，從灰心漸漸到絕望，最後才會說出這種話，背後的心酸與無奈讓人鼻酸。可是我真的聽過學生小聲說出這樣的話。我相信，還有更多的學生不願這樣說，但心中一直在懷疑自己是否有能力學好數學。

　　人的特殊能力主要是靠天分還是努力？這是心理學家、認知學者吵了很久的問題，雙方都提出了很多佐證，卻還是沒有結論。我猜他們還是會吵很久，而且還是會沒有結論。

　　不過依我來看，如果不要管那些超級天才，一般人大概靠努力與經驗，就可以有滿意的結果。如果要問我，如何可以拿 IMO（國際奧林匹亞數學競賽）金牌？那得要有過人的天分與超乎常人想像的努力。如果要問我，**如何可以學好高中數學？那只要平凡的頭腦、正確的學習方法，加上一些努力，每個學生都可以做得到。**我高中時做的智力測驗，測得智商是 104，只是中等資質，所以我確信，數學不好絕對不是因為頭腦不好。

　　學習新東西需要的是什麼？有的學生能辨認幾十種恐龍，或許還更多；有的學生能認識幾十種獨角仙，我只認得一種；我親愛的老婆大人可以分辨出上千種的貝殼。這些是靠天分還是努力？我要說他們靠的是興趣與努力！

迷思 **11**
多看幾遍自然就懂了。

你知道千元鈔票上有幾個小孩？幾個男生？幾個女生？另一面是帝雉，請問有幾隻帝雉？有人說牛頓被樹上掉下來的蘋果打到頭，因而發現萬有引力定律。我們想一想：是因為牛頓會從「蘋果掉下來」的事件中思考研究，還是因為牛頓被蘋果打了很多次就自然發現？

「看」與「觀察」是不同的，進一步的「思考」更是不同，如果沒有用心觀察思考，看再多遍都不會有深層的理解。有些學生習慣「看」數學——我是指學習數學時只用看的，像讀報紙一樣，定理看一遍，看完題目然後看解答，多看幾遍，就看熟了，就以為自己會了。

這是很糟糕的方法，常常使學生變得眼高手低，總覺得題目都很熟悉，可是考試時總做不完全，或是總有小地方出錯。因為用看的，無法真正了解那些細節，而數學又是精細的學問，如果考試時每題都做對一半，結果會得多少分呢？

「看」得很熟完全沒有用，數學一定要自己去做，自己去思考。

其實學生養成看數學的習慣，不一定是偷懶，而是對數學學習的誤解，以為這樣學習比較快。為了第二天的考試，一題一題做的話就來不及了，可是用看的，還來得及看兩遍。確實，一個小時可能可以看60題，卻只夠做10題，可是做10題的效果遠超過看60題。要有效的學習，就必須用做的。

　　偶爾也聽到學生抱怨:「算了半個鐘頭,一題都沒算出來,白算了。」其實只要真的有在思考,這些時間就沒有浪費。好像我以前打籃球,努力投了十次,只投進了一次,請問我另外九次都是浪費時間嗎?沒有經過很多次投不進,再不斷修正方向與力道,怎麼可能一投就進?學習思考題目也是一樣的,一定是經過很多挫敗,然後逐漸找到方法與訣竅,最後才會更得心應手。

第二章

數學的特性
與學習

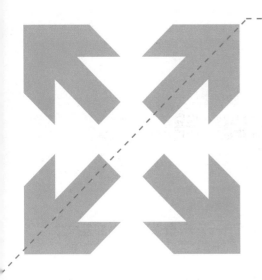

學習數學的方法,與數學這個學科的「特性」息息相關,了解數學的特性,就自然會明白,為何非要用理解的方法去學數學。要改變學習數學的習慣,其實並不容易,尤其很多學生早已習慣既有的方式,現在必須在心態上徹底大翻修,一定要先深切地了解並相信正確的方法,才可能持之以恆做下去。

大致說起來,學習數學的方式與大部分的學習類似,初學的時候只要記下簡單的規則,漸漸進入狀況後,再用頭腦去思考各種問題。

在這一章,我避免用數學來解釋數學,而盡量用一般人都能懂的說法來說明數學的特性,並稍微提一下學習方法。我的目的,是希望那些不懂數學或已遺忘數學的家長也看得懂,而那些剛自國中畢業,準備升上高中的同學,也能稍微了解將要面對的數學,藉此先調整自己的心態,降低高中數學的衝擊,減少摸索、適應高中數學的時間。

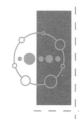

1

學習數學的歷程 —— 一張藍圖

　　學習數學到底要學會哪些東西？概念、內容、解題、……，會做題目也許是學生的目標，但學習數學不該只是拚命做題目吧？

　　有些學生只想以最輕鬆的方式學數學，他們會想：「反正考試都是在考題目，那麼就多做題目，懂最好，不懂就記下來。」結果扭曲了學習的方式，反而費時費力做虛功。就好像以為打籃球投進才能得分，於是只練投籃，不肯在基本動作下功夫，當然永遠打不好。

　　那麼我們先想一想，數學的學習大概包含哪些？除了數學知識、觀念、解題，還有哪些綜合能力？這裡我簡單的說明學習數學的過程與內容。

　　接觸數學的新單元，大概都是從定義著手，新學一個定義，就像打開了一扇窗，窗外又是一個新世界等著我們去探索。定義是規定的，當然一定是對的，我們所要做的，是去了解定義背後的意義。定義會有很多面向，要從不同方向去看它。數學定義一定很精確，我們也要精確地認識它，這時也會伴隨一些基本運算，很容易了解，也很容易算，而此時最忌諱因為容易就記下來，也絕對不可只熟練計算而不想原因。

　　接下來可能會學到一些公式、定理。要背公式，也要能靈活運用公式。每個定理都要熟悉它的證明，定理的證明方法，往往透露出這部分數學的基本想法。

　　每個定理都有不同的使用方法與使用時機，要精確地掌握。這時除了基本運算，

還會出現標準題——計算過程較長、也比較有變化的題目。對於這些題目，就必須有更深層的理解，不只是解題的過程，更要探究解題的原因及一般方式，順便也建立一些解題策略。此時最忌諱只背公式卻不仔細弄懂，結果經常不會使用或誤用，考試時反而派不上用場。

數學是無法「背多分」的，現在連歷史、地理考試都不能靠死背的了，何況數學這種最需要理解的科目。

如果循正確方式學完定義、定理後，大概已經有中上程度，也具備簡單的解題策略。接下來，我們必須**整合我們所學的知識，比較各個定義、定理與題目之間的關係，找尋相同與相異的特性，逐漸融合、形成較大的「解題策略」**——也就是看到題目後，自己去想如何做，有哪些可能的方向。

要能成功地構築自己的解題策略，最要緊的就是前面所學的是否夠深入。如果學了一堆東西還不能有感覺，就該重新思索一下所學過的，是否需要更深入地學習。如果定義、定理、標準題都有深入思考，解題策略也會自然成形。

一旦解題策略成形，就逐漸邁向高手的境界了，面對任何題目都能用自己的方法去思考，這時再回頭看那些標準題，就會感覺思路毫無滯礙。不過，此時最忌諱只在拚命做題目，而不思考與整合，那樣就變成零碎而片段的知識，自然就容易忘記了。

解題策略成形後，並不表示遇到題目都會解，畢竟這只是初步形成，還要讓它不斷茁壯。這時候可以大量做題目，尤其是沒有見過的題目，不管做對或做錯，我們都可以從中得到經驗，不斷修正或擴大自己的解題策略。

　　所謂「多做題目，自然就會有感覺」，正是指在這個階段所做的題目。做過的題目可能會忘記，不過解題策略會一直成長，能用自己的想法去解一個題目，就永遠都會解它了。

　　每個高手都經由不同的經驗，塑造出自己的解題策略，遇到複雜的題目時，就會各自出現不同的解法，或想出幾種不同的解法，這時做數學就變得有趣而且有挑戰性了。

　　在不同的單元，會有各自的解題策略，而當這些解題策略又有共通點或相同結構時，自然而然就會結合成大型的解題策略。這已經可以稱為數學能力，也就是我們一般所說的數學程度。

　　具備較高的數學能力者，學習數學很快，他們很習慣在接觸新定義時，馬上就深入了解，也很快就能以數學能力建立簡單的解題策略；即使只以簡單的定義，也能去算複雜的問題，甚至在直接面對全新問題時，就能馬上建立一套解題策略去解決問題。很少學生能到達這種境界，而有這般能力的學生，就可以去挑戰數學競賽了。

　　簡要地說，數學的學習是：**定義→定理→解題策略→形成數學內容與知識**。形成的過程要靠很多題目來完成，這內容與知識才是學到的數學，然後再以此來解題。瞭解這些，就能瞭解**做題目是手段與過程，而不是目的**。

　　這樣看數學的學習，會不會太玄了？其實學習大多事物的道理都差不多。

　　想像一下，一個小學徒要如何才能成為一個五星級大廚師？大廚師通常只是在開菜單，指揮二廚、三廚做菜，再到餐廳裡巡視一番，看看顧客的反應，也許順便和顧客聊兩句。那麼小學徒學學如何「指揮二廚、三廚」，就可以成為大廚師嗎？還是背下一堆食譜就變成大廚師了？

　　沒有一步登天的捷徑，小學徒應該學做一道又一道的菜。小學徒學會一道菜後，如果只記得「加多少肉、多少菜、加什麼佐料、煮幾分鐘等等」，那只不過是記下一份食譜而已。小學徒應該要弄清楚每樣食材的特性，為什麼要這樣的比例？每樣佐料有什麼作用？學過很多以後，小學徒就能自己調整、試驗，而做出更美味的佳餚，也有機會青出於藍，成為大廚師。

　　做菜的學問不亞於數學。我本來以為炒菜就是把菜和油丟進鍋裡炒一炒，後來看我太太做一道家常牛肉（豆乾絲炒牛肉）居然要七道手續，才知道原來好吃的菜背後有很大的學問！

　　學好數學與學做廚師，道理差不多，一樣容易（或一樣難）。**做一個題目就像做一道菜，定義就像菜色和佐料的特性，定理就像烹調方法。**有些學生只想記住那些題目做法，以為這樣就會考好數學，這是不可能的。學數學沒有捷徑，只有正確的途徑；循著正確的方法走下去，就一定會有收穫。

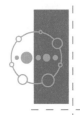

2
數學是理解的科目

「數學是理解的科目」這句話，表示我們主要的學習是去理解數學內容、思考數學問題。也許會需要一點記憶，但記憶只是很少的一部分。然而很多學生用了過多的記憶與熟練，卻只用一點點的理解，這種學生通常都用了錯誤方式而不自知。

如果有人說：「因為我的手太短，所以跑不快。」你覺得合理嗎？除非他是用手來跑步。有的學生覺得：「因為公式都背不熟，所以數學考不好。」對我而言，這也一樣奇怪。既然數學是「理解」的科目，怎麼會因為「背」不起來而學不好呢？有這種感覺的學生，就是用錯了方法。

學習數學應該包含**一點點記憶**和**很多的理解**，兩者很難彼此代替。用一個簡單的例子來看：每個人都學過乘法，學乘法要先了解乘法的意義，然後背九九乘法表，再學超過一位數時的乘法規則，這些學習都不能弄錯方法，如果要小孩不背九九乘法表，而用理解乘法的意義來體會，這是做不到的；相反的，若要小孩直接去背 99 × 99 的乘法表，而不去學乘法規則，這也是不可能的。

不要以為背 99 × 99 乘法表很荒謬。有些學生非常努力背一大堆公式，不求甚解地拚命做題目，卻始終考不好，最後就責怪自己公式沒有背熟，他們就是類似這樣，用錯方法學數學。

既然數學有的部分要記憶，有的部分要理解、思考，那麼又要怎樣區分？

　　換一個例子來看。各位會開車的家長請回想一下，當初在駕訓班學考駕照的經驗，倒車入庫要如何做？「當刻痕對到第一根柱子時，方向盤右轉一圈半，對到第二根柱子時，……。」考上駕照又上路一陣子，就不再需要記規則了。事實上，在馬路上開車，也不可能像考駕照時那樣記規則。

　　學習數學也是類似的：每一個新單元的新內容，有些是既要理解也要去背的，至於深入變化的部分，就要用推理的。等到一個單元學完後，這時當初背的東西又多半變成理所當然而不需要背了。這說法好像有點籠統，在第三章我會進一步舉例說明。

　　即使是理解了，理解也有不同的方向。我女兒在4歲多剛學會加法。就像一般學加法那樣，會算 3 + 5 = 8，也知道「3個蘋果和5個蘋果一共是8個蘋果」的道理。幼稚園老師知道這件事後就問她：「3點再經過5個鐘頭，是幾點？」她完全答不出來，我也才驚覺，「3個蘋果加5個蘋果是8個蘋果」與「3點再經過5個鐘頭是8點」，兩者的意義是不太一樣的；原來，簡單的加法，也有不同方向的意義。

　　在高中數學裡，一個定理由不同的角度，可以看到不同的想法，而不同的想法，又可以做不同的延伸與應用。即使我沉浸在高中數學這麼多年，偶爾仍會在非常熟悉的題目中，發現新的觀點，或有了新的見解。

　　理解除了方向會有不同，深度也有不同。我常看到一些學生剛看完一題的解法，就覺得已經會了，馬上再做一個類似題，照著同樣方法算出來，就自以為已經完全懂了。這種學生下次再看到稍有變化的問題，多半仍舊算不出來。

　　如何深入又廣泛地去理解數學是很重要的，所以我會在第三章詳加說明。

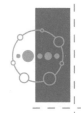

3

數學題目可以分成三種層級

　　每一單元的數學的題目都可以概分為三種層級，我稱為基本運算、標準題與思考題。這種從學習角度來分類的方法是我的創舉。請牢記這三種不一樣的類型，因為面對不同類型的題目，要用不同的方式，這點在本書後面章節常會提到。

　　第一種**基本運算**，是指一些很基本的計算，原理很簡單，過程短而沒什麼變化，幾乎每個人都會，在考試中很少單獨成為一個題目，它們大多是其他題目裡的一個步驟。

　　在新學一個單元的定義或定理後，老師總會先教一些這樣的問題。因為是新單元，很難立即了解為什麼要這樣做，因此我們多半會用模仿加記憶來學習，等到做過標準題與思考題後，就自然能體會。

　　對於這些基本運算，我們要充分了解，也必須非常熟練而且保證不出錯。初學時要多練習，一旦熟練這些基本運算，就不需要反覆練習了，以後在各個標準題與思考題中也會不斷使用，相對的也不容易忘記。如果基本功練好了，那麼當我們在標準題中使用這些基本運算時，就不一定會想到為什麼，但因為我們已經充分了解，所以也不會用錯。

　　第二種**標準題**，是指那些幾乎在課本與每一本參考書都會出現的例題，比基本運算難一點，解題過程較長，而且會有一些變化。一般考試題目，也都屬於這種標準題

和下一種思考題。在新學一個定義、定理，並做完一些基本運算後，就會出現一些這樣的標準題。

面對這些標準題時，我們必須提高自己的理解層次，因為我們很難只記住它而不弄錯。如果不能提高理解層次，卻只是反覆運算，不但無益反而有害，很多學生的錯誤學習就是由此開始。我在第三章第7節，會更詳細說明如何深入理解。

第三種**思考題**，是指那些不常見、甚至根本沒見過的題目。這種題目數量龐大，而且不斷推陳出新，每年的學測與指考也都不斷出現新題目。思考題不一定難，只是沒見過而已。

面對思考題時，只有具備自己的解題策略，才能思考出解題的方法。如果解不出來，就要反過來利用題目來強化自己的解題策略。能夠解出這些沒見過的題目，才是真正學會了數學，也才能體會數學的趣味。這類題目往往也是考試時分出高下的題目。

很多學生沒有建立自己的解題策略，只是不斷地重複演算，靠記憶去做思考題，結果完全無法增強解題能力。這方面我在第三章第9節裡會更深入探討。

我這樣的分類，是基於學生的學習方法與目的。題目的歸類也會隨學生的程度而改變。例如：數字的乘法，對小學生而言是標準題，對國中生就是基本運算；解二次方程式，對國中生而言是標準題，對高中生就變成了基本運算。

有時候在同一單元裡，經過很多思考題的磨練後，再回頭看標準題時，就覺得像是基本運算了，因為它們變成思考題裡的一個步驟，而我們也很容易就能正確地使用。有時一個漂亮的題目在學測出現，對當時的學生是個思考題，後來課本、參考書都將

它列為例題，於是對之後的學生而言，就變成了標準題。

學習基本運算、標準題與思考題，是循序漸進的，而且學習方法與重點都不同。有些學生用錯方法，只想記住那些會考的題目，或者只是不斷找些超難題，囫圇吞棗式的學習；他們雖然努力，卻建立不了完整的解題策略，結果真遇到思考題時，還是使不出力。

4

數學是絕對精確的

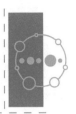

　　數學本身最重要的特性就是精確，數學要求的答案是完全精確的。我們學數學必須一絲不苟，沒有一點含糊。

　　有一個笑話這麼說的：

　　有一天，一個工程師、一個物理學家、一個數學家一起坐火車經過蘇格蘭，三人看見窗外山坡上有一隻羊在吃草，工程師便說：「原來蘇格蘭的羊是黑的。」物理學家修正說：「不對，應該說蘇格蘭的羊至少有一隻是黑的。」數學家接著說：「也不對，應該說蘇格蘭的羊至少有一隻的一個側面是黑的。」

　　會不會有點龜毛？但這就是數學的嚴謹態度。

　　曾經有學生問我，圓周率 π 與 3.14159 有多少差別？我告訴他：從數學觀點，π 是無理數，3.14159 是有理數，兩數完全不同，也有很多不同的性質。也許有人覺得數學很無聊，明明就差不多，偏偏就要說不一樣，但這就是數學的本質之一；**差一點就是不同，因為數學的邏輯就只有「對」與「錯」。**

　　讓我們看看另一個笑話：

　　有一位數學家在研究「質數」，始終沒有很好的結論，他的物理學家朋友想幫他忙，經過一個星期的檢證，得到一個結論：「我發現所有的質數都是奇數，我試驗了100個質數都對。」弄了半天，物理學家剛好沒有試驗到「2」這個數。另一個工程師朋友也想幫他忙，經過一天的實驗，馬上得到結論：「我發現所有的奇數都是質數，你看，3、5、7都是質數，咦！9不是質數，啊！那是實驗誤差，但你看，11、13又都是質數。」

　　生活上不必如此龜毛，但我家就常有類似這樣的對話：
　　「老公，幫我到市場買幾把青菜。」
　　「OK，可是要什麼菜呢？」
　　「隨便啦，煮在麵裡的。」
　　「到底要哪一種青菜？」
　　「好啦，小白菜或青江菜都可以啦。」
　　「好，有小白菜就買小白菜，否則就買青江菜，但是到底要幾把呢？」
　　「吼！三、四把就夠了。」
　　「到底要買三把還是四把？」
　　「三把、四把都可以，趕快去買啦，廢話這麼多！」
　　我在老婆大人還沒發火前趕快出門，一邊在想，她為什麼不直接說「買三或四把小白菜或青江菜」就好了？

　　其實數學並不複雜，我常覺得我自己想法單純，所以能學好數學。相信很多讀者看到這裡，心裡一定在說：才怪！不過，我們就拿數學題目與其他問題來比較一下吧。

　　例如明天股市會漲或跌多少點？這問題牽涉有多廣？有經濟的、心理的、市場的各種因素，還有各種無法預測的突發事件，這問題的複雜程度，顯然超過任何高深的數學問題。如果有分析師預測第二天股市會漲200點，結果漲了197點，大家會覺得他的預測神準，大概沒有人會在意為什麼他多估計了3點。可是數學考試後，沒有學生會問老師：「這題答案197，我算成200，只差一點點，該算我對吧？！」

　　這就是數學，它的難，在於要求完全精確。**學好高中數學並不需要很聰明，更需要的是細膩和耐心。**

　　數學所有的內容都是很明確的，數學推論完全依照邏輯推理，沒有任何模糊地帶。學習數學時，也一定要記得將每一個細節弄清楚，不可以有「大概」、「好像」這種想法。要理解數學，就要細心去認清每一個細節。

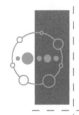

5
數學需要不斷地思考

　　很多人覺得數學語言像是另一個星球的語言，數學思考像是另一個世界的思考方式。其實如果你仔細比較，就會感覺數學思考與生活中的思考是相當契合的，也可以互相激盪。別忘了數學家也是人，他們也與我們生活在同一個世界裡，他們創造的數學也是源自這個世界的問題。**很多學數學的人在別的領域很有成就，而且認為數學的思考邏輯對他們後來的發展很有幫助。**

　　數學思考與生活思考最大的不同，就是數學要求絕對精確，而生活只要求一個滿意的答案就好。在數學上需要的思考，大約就是平日在生活上的思考，再加上完全精確的要求。

　　很多老師會常常提醒學生要思考，可是對於那些數學程度差的學生根本無效。他們長久以來就只是背公式、代公式、記解法，已經不知道什麼是思考或如何思考了。我在第三章會更具體說明，什麼是解題策略與解題的思考，其實這才是數學最重要的能力。

　　經常運動自然會使體力更好，每天跑步自然就會愈跑愈快，常常思考數學，應該會使頭腦愈來愈聰明吧。可是我們看到的好像不是這樣，很多學生每天算數學，可是很少思考，只是記規則，不斷地模仿，當然數學就變得既無趣又乏味。

　　學生在上完數學課後，都應該想一想，這節課思考了什麼？這些才是真正的收穫。有時我花了10分鐘解出（或沒解出）一個難題，我會再花更多時間去回想，我到底是如何想出解法的？或為什麼我沒想出解法？是哪一個想法出錯？或者我應該要注意哪一個條件，才能順利找到解法？這些思考才是我們真正的收穫，也是真正讓自己進步的方法。

6
數學題目非常多又非常相似

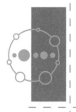

■■■

　　數學有很多東西很相似，又必須分得很清楚。看看下面這些題目，圖形一樣，但因為不同已知條件、求解，產生各式各樣的題目，而且各有不同的解法，其中有6題是學測或指考考過的題目。(三角單元)

　　$\triangle ABC$ 中，D 為線段 BC 上一點，試回答各小題。
（右圖為示意圖，各小題圖形不完全相同。）

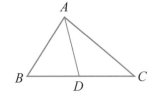

(1)　若 $\overline{AB} = 6\sqrt{2}$，$\overline{AC} = 2\sqrt{3}$，$\angle BAD = 30°$，

　　　$\angle CAD = 45°$，試求 $\overline{AD}$ = ？（答案：$3\sqrt{2}$）

(2)　若 $\overline{BD} = 50$，$\overline{BC} = 200$，$\angle ADB = 60°$，

　　　$\angle ACB = 30°$，試求 $\overline{AB}$ = ？（87年學測填充7，答案：$50\sqrt{7}$）

(3)　若 $\overline{BD} = 3$，$\overline{DC} = 6$，$\overline{AB} = \overline{AD}$，$\angle BAD = \angle CAD$，試求 $\cos \angle BAD$ = ？

　　　（94年學測填充F，答案：$\dfrac{3}{4}$）

(4)　若 $\overline{AB} = 3$，$\overline{AC} = 5$，$\overline{BD} = \overline{CD}$，$\angle BAC = 120°$，試求 $\tan \angle BAD$ = ？

　　　（96年學測填充I，答案：$5\sqrt{3}$）

(5)　若 $\overline{AB} = 7$，$\overline{AC} = 13$，$\overline{BD} = 7$，$\overline{CD} = 8$，試求 $\overline{AD}$ = ？

　　　（96年學測填充8，答案：7）

(6)　若 $\overline{AB} = 7$，$\overline{AD} = 3$，$\overline{BD} = 5$，$\overline{CD} = 2$，試求 $\overline{AC}$ = ？

（86 年社會組，答案：$\sqrt{7}$）

(7) 若 $\overline{AB} = 5$，$\overline{AC} = 5$，$\overline{BD} = 2$，$\overline{AD} = 4$，試求 $\overline{CD} = ?$

（92 年數乙，答案：$\dfrac{9}{2}$）

(8) 若 $\overline{AB} = 4$，$\overline{AC} = 7$，$\overline{BD} = 4$，$\angle ABC = 60°$，試求 $\overline{CD} = ?$

（答案：$-2 + \sqrt{37}$）

(9) 若 $\overline{AB} = 4$，$\overline{AC} = 2\sqrt{10}$，$\overline{CD} = 4$，$\angle ABC = 45°$，試求 $\overline{BD} = ?$

（答案：$6\sqrt{2} - 4$）

(10) 若 $\overline{AD} = 5$，$\overline{AC} = 8$，$\overline{BD} = 7$，$\angle CAD = 60°$，試求 $\overline{AB} = ?$

（答案：$2\sqrt{21}$）

(11) 若 $\overline{AC} = 6$，$\overline{BD} : \overline{CD} = 2 : 3$，$\angle BAD = 45°$，$\angle CAD = 60°$，試求 $\overline{AB} = ?$

（答案：$2\sqrt{6}$）

(12) 若 $\overline{BD} = 4$，$\overline{CD} = 4\sqrt{3}$，$\angle ABC = 45°$，$\angle ACB = 30°$，試求 $\overline{AD} = ?$

（答案：4）

(13) 若 $\overline{AB} = 8$，$\overline{AC} = 6\sqrt{3}$，$\overline{AD} = 6$，$\angle CAD = 30°$，試求 $\overline{BD} = ?$

（答案：$3 + \sqrt{37}$）

　　只有一個圖形「三角形加一條線」，可是隨著已知與求解任意變換，就可以變出這麼多完全不同的題目，希望大家能明瞭：**這樣的問題是永遠記不完的！**

　　其實，只要學會兩個非常基本的定理——正弦定理與餘弦定理，再加上簡單的面積公式與解題策略，你就可以輕易地經由思考，解出這些問題，甚至還可以解出更多其他題目。當然我所說的「學會」，是指深入的理解，不是記得做法而已。這個例子我會在第三章8-5小節再加以詳細說明。

　　再看看這個觀念題：（多項式單元）

$f(x)$ 是一個實係數多項式，且 $a < b$，下列有關方程式 $f(x) = 0$ 的敘述，
哪些是正確的？
(A) 若 $f(a)f(b) < 0$，則 $f(x) = 0$ 在 a，b 之間有實根。
(B) 若 $f(a)f(b) > 0$，則 $f(x) = 0$ 在 a，b 之間沒有實根。
(C) 若 $f(x) = 0$ 在 a，b 之間有實根，則 $f(a)f(b) < 0$。
(D) 若方程式 $f(x) = 0$ 有一根 $x = 2 + 3i$，則有一根 $x = 2 - 3i$。
(E) 若方程式 $f(x) = 0$ 有一根 $x = 2 + \sqrt{3}$，則有一根 $x = 2 - \sqrt{3}$。

　　這五個選項看起來只是文意顛倒與順序變換，但只有 (A)、(D) 是對的。只要弄清楚「實根勘根定理」、「虛根成對定理」，就可以輕易判斷出來，可是總有些學生不去深入理解定理，反而去記各種特例，久了當然就會分不清了。**數學是非常精確的學問，只需要記得簡單規則，然後由這些規則加以推論就可以了。**

　　英文的文法或發音規則，總有很多例外，有些科學的規則也有一些例外，使我們必須記住那些特例。可是數學不同，只要滿足定理的條件，定理的結論就永遠正確。

當然，定理的條件不滿足時，結論就不一定正確。牛頓的運動定律或愛因斯坦的相對論將來都有可能再被推翻或修正，可是畢氏定理永遠不會出錯。

錯誤的學習方法，起因於錯誤的觀念與習慣，一種典型的錯誤方法如下：上課專心抄筆記卻沒有思考，回家後先背公式，再將題目解法重新看過，確實記下做法，再拿出參考書努力做題目，不會的就看解答，然後感覺怎麼會有這麼多奇怪的題目啊！愈學愈多，開始覺得有點分不清楚了。最後考試時就覺得：這題好像有見過；好像是這樣做，可是不記得了；希望這樣解是對的；這題沒見過自然就不會。

看看前面所舉的這些例子，你就會了解不可能熟記所有的題目。

曾經有學生問我：「除了理解，還有什麼辦法可以學好數學？」我想，真要學好數學，除了理解，沒有其他辦法。

古希臘時代留下了這麼一句千古名言：「幾何之內，無君王之道。」學習終歸是沒有捷徑的！

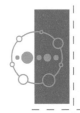

7
數學的內容是環環相扣、累積起來的

　　數學的內容很多是有連貫性的，學習時必須循序漸進，如果一部分沒學會或忘記了，就可能影響到後面的學習。跟其他科目比較一下，國文第三課沒學好，不會影響第四課的學習；漢朝歷史忘記了，照樣可以學唐朝歷史。在學數學時，一定是先會解一次方程式以後，再學二次方程式，再學三次以上的方程式，而且前一部分就是後面部分的基礎。

　　所以，在每一段落的學習，一定要徹底理解前面所學的，然後才能夠理解接下來的內容。在同一單元的公式，先記前面的，記熟也會使用了之後，再繼續記後面的。

　　在學習的時候，至少有兩方面要注意到：

一、在同一章的學習裡，一定要按部就班，**先將前面部分徹底了解，然後再學下一部分**；如果某一部分無法完全體會，就應該追溯到前面部分，把前面的內容再看清楚一些。有些時候，可能只是因為一小部分有誤解，而造成後來連續一大段無法讀通。

二、有時候在第二冊裡的一個題目，突然需要第一冊裡一個已經生疏了的定理，這時候不要只是查一下定理套進去，而應該**重新複習一次這個定理**。這在數學是很普遍的，學測或指考的題目也常出現這種「綜合題」，也就是一個題目需要用到不同單元的不同方法才能解出。其實這類型的題目通常都不難；老

師出題目時，都只會考兩部分的基本概念，如果將兩個單元裡最艱澀的部分組成一個題目，那就太殘忍了。如果學習的重心原本就是在這些基本性質，就能夠輕易解出這種綜合題；相反的，只靠記憶各種題目的學生，會因為沒見過而難以下手。

正確學習應該著重於定義、基本定理與解題方法，這些內容很少，並不容易忘記，而利用這些基本東西，就可以解出很多題目。反之，如果學習時輕忽這些重要內容，卻著重在那些很多很多永遠記不完的題目，反而印象會愈來愈薄弱，久了自然會淡忘，什麼招式都使不出來。

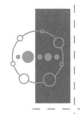

8
數學是有趣的

很多人聽到我說「數學是有趣的」，恐怕只會覺得我這句話「錯得有趣」。可是讓我們想想看，很多學生（也有很多大人）愛玩數獨，這就是數學啊！大約10年前，很多學生都愛玩邏輯問題，這也是數學啊！如果你是學生家長，你一定記得在80年代時，魔術方塊成為當時的全民運動吧？

也許有人會覺得，這些例子都是遊戲而不是數學嘛，不管你相不相信這些「遊戲」背後的本質都是數學，至少，這些遊戲也都像數學一樣需要思考，而且過程和結果都是要完全精確的。

解數學題目與玩這些「遊戲」一樣，都是運用頭腦去克服困難，然後享受打敗它的成就感吧。那些喜好數學的學生，就是一直在享受這樣的樂趣，甚至超過考試成績所帶來的滿足感。即使有時候被難題打敗了，也不會痛苦，就像下棋時，即使輸給高手，懊惱之餘還會偷偷高興，因為又因此學會了一些高招。

那麼那些數學不好又痛恨數學的學生呢？他們沒有運用思考，自然沒有樂趣，如果要人背下100題數獨的答案，你想他會喜歡數獨嗎？

我見過很多學生，平時聰明伶俐，腦筋比我更靈活，可是一遇上數學，整個人就僵住了，頭腦彷彿瞬間凍結了，這實在很糟糕。這種學生頭腦很好，但不知怎樣去思考數學，也不了解數學就是必須去動腦。這通常是長期的錯誤習慣所致，而且往往自小開始就習慣只在記數學而不思考。

　　有些傳統的想法是覺得一定要辛苦，才會有收穫，所謂「吃得苦中苦，方為人上人」。可是**學數學時，應該把握正確方法，不是讓學生苦讀**，而是要讓學生藉由思考，既輕鬆又有樂趣地去學數學。

9
只要方法正確，每個人都能學好高中數學

我確信每個孩子都可以學好高中數學，當然，這是指如果他能循著正確的學習方法，並肯努力學習。可是大多數學生學習方法都不正確，差別只是偏差的嚴重程度而已。

很多人看懂數獨的規則後，就會開始試著玩，從嘗試填入數字開始，慢慢發現一些規則，找到比較快的方法，逐漸建立一套有效的策略。這就是解題策略，也是數學能力的展現。

每個人都有或多或少的數學能力，也就是面對問題時，自然能夠經由嘗試，漸漸找到一些規律，然後逐步修正自己的做法，找到更好的辦法去解決問題。一旦成功了，還會想去挑戰更難的問題，這本是人類天生具有的智慧。可是，很多學生學習數學時不思考，面對題目時只想按照固定的方式，回想老師的教法，套用公式去解題，那麼遇見變化時，就不知該怎麼辦了。

正確學習數學的方法不是奇特的招數，只是讓學生回復本身具有的能力而已，符合數學的本質與特性，讓學生用自己的天賦去思考與學習。高深的數學也許比較抽象而不好學，然而中學的數學是每個學生都能學得好的。

因此，我把個人二十餘年的親身經歷與體會，融合寫成這一本書，希望能幫助高中生用正確的方法學習數學。我更希望以此拋磚引玉，能有更多經驗豐富的學者、老師重視這些問題，也能提出各種方法，讓我們的孩子可以學得更好，學得更健康。

　　不要期待讀完這本書後，數學就馬上會突飛猛進，這本書告訴你如何以正確的方式學習數學，也提醒你一般常見的錯誤方式。**學生必須了解問題所在，並且依照本書所說的方式改善學習方法**，那麼一段時間後，不但數學成績會進步，而且可以輕鬆學好數學。

第三章

正確學習數學
的方法

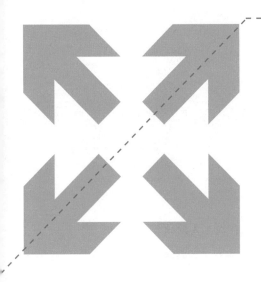

很多數學老師都會一再叮嚀學生：「學數學要理解，要思考，不要死背。」這是句金玉良言，可是對有些學生而言，這句話太空泛了，對一個習慣以記憶、熟練去面對數學的學生，他無法體會什麼是理解。這一章就是要更清楚地說明並舉例：如何去理解？理解些什麼？如何去思考？要思考些什麼？

坊間也有一些書在討論如何解題，各種方式、想法，洋洋灑灑一堆，可是對一般學生幾乎沒有幫助，因為他們遺漏了解題的基本能力。先要把定義、定理完全掌握，對學過的題目徹底了解，累積足夠的數學知識以後，才可能去談解題方法。如果基本功沒有扎實，解題只是美麗的空中樓閣，根本無法蓋起來。

本章所提到的數學學習方法，可以說是非常全面的。先了解怎樣學定義、定理，學習怎樣深入對題目的理解，然後再談如何解題，這時自然能水到渠成。

各節所詳述的方法，都不是一下就可以達到的，先了解該怎麼做，再努力做下去，就會越來越順手，也能逐漸體會到數學其實沒有那麼難。

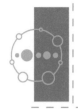

1
新學一個定義

　　定義是數學最基本的元素，每個新單元的學習都從定義開始。定義就是對一些名詞或性質的規定，既然是規定，所以定義一定是對的，除了記住之外，我們初學習時也需思考為何要這樣定義？或這樣定義有什麼好處？接著，我們也要去了解這個定義如何使用？什麼情況該要想到它？

　　數學的定義都是用簡潔、精確的語言來描述，有時也可能只用一些數學式子描述，因此讓人不容易馬上體會。接觸新的定義時，不妨想想直觀的意義，也可以從名稱去聯想，舉幾個符合定義的例子，再舉幾個不符合的例子，這樣就會更快了解它。

　　我們對於每一個定義都要精確地認識，然後才能確保我們能夠正確地使用。除了不誤用定義外，定義往往也提供了基本的解題方法。有的學生不去注意基本定義，卻試圖去記一堆零碎的問題或特例，那樣變成捨本逐末了。切記，數學裡的定義、定理都是完全正確而沒有例外的。所謂特例只是較少見，但仍然完全合乎定義，所以我們應該學會由定義去推論那些特例，才不會混淆。

1-1　　數學化的定義

　　定義其實有很多種，大致可以分成兩類，一類是**直觀型的定義**，讓我們看過以後很容易了解，最常見的方式就是舉出很多例子來說明。另一類是**數學化的定義**，用很簡潔又精確的方式來規定，可是要自己想過或舉出一些例子才能明白。當然，相同的東西，可以由不同的方式來定義，也就是敘述的方式不同，而這些不同的定義方式，給了我們不同的意義與使用方法。

　　在生活中，各種名詞往往就是用列舉來定義的，通常很難、也沒必要去精確定義。譬如「車子」是什麼？我如果這樣定義：「有輪子，可以載人或物品在馬路上移動的東西。」這樣定義夠清楚嗎？

　　火車在軌道上移動，算不算車子？坦克車用履帶而不是輪子，算不算車子？如果坦克車也算是車子，那怪手呢？嬰兒車呢？有輪子的菜籃呢？

　　你看，「車子」是不是很難定義清楚呢？而不同的人對「車子」的定義，也可能有差異。但數學的定義就必須非常明確，不可以有模糊的地帶，可是相對的，卻也常常因為過度簡潔而不容易了解。舉些例子來看：

實例說明（國中整數單元）

「奇數」是什麼？「偶數」是什麼？

第一種定義：「奇數是 1, 3, 5, … 或 –1, –3, –5, … 這樣的數，偶數是 0, 2, 4, 6, … 或 –2, –4, –6, … 這樣的數。」這是直觀的定義。

第二種定義：「在整數中，能被 2 整除的為偶數，其他的為奇數。」

這是數學化的定義，很精確地指出奇數、偶數都是整數，還有它們的差別。

第三種定義：「奇數是可以表示為 $2k+1$ 的數，偶數是可以表示為 $2k$ 的數，其中 k 是任意整數。」

這也是數學化的定義，而且是帶有數學式的定義。

實例說明（國中程度）

「圓」是什麼？

第一種定義：「圓是一種形狀，像圓的錢幣、盤子、輪胎、哆啦A夢愛吃的銅鑼燒，這種形狀就是圓。」這是直觀的定義。

第二種定義：「圓是平面上到一定點等距離的所有點所成的圖形。」國小、國中大概都會接觸到這樣的定義，簡單明確，又同時解釋了圓規畫圓的原理。這是數學化的定義，很精確地指出圓是平面上的圖形，而且圓上的點到某個定點等距離。

第三種定義：「在平面上一定點 O，一定數 $r > 0$，則平面上滿足 $\overline{OP} = r$ 的所有 P 點所成的圖形為一圓。」這也是一個數學化的定義，而且是帶有數學式「$\overline{OP} = r$」的定義。一些有關圓的基本性質，都可以由這個定義簡單證明，這個定義也可以立即說明什麼是圓心或半徑。

從上面兩個例子就可發現，初學者應盡量從直觀的定義開始，只有直觀的定義可以讓人馬上知道奇數、偶數或圓是什麼。如果一個讀幼稚園的孩子問我：「什麼是圓？」而我直接告訴他：「圓是平面上到一定點等距離的所有點所成的圖形。」這樣只會使他更加迷惑，再也不敢問我問題了。

那麼直觀的定義有什麼缺點？就是不夠精確，看看下面的三個圖形：

你可以告訴小孩子：第一個是三角形，第二個是正方形，第三個是圓，你可以再畫出很多的三角形、正方形和圓，小孩子大概可以馬上認識這三種圖形。

可是你再讓他看看下面幾個圖形，問問他哪些是三角形、正方形或圓？

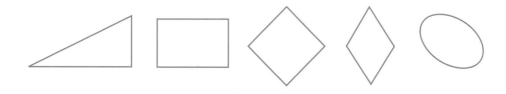

他可能就開始迷惑了。不是他不聰明，而是他只有直觀的定義。

直觀的定義是靠經驗類比的，而有些圖形用經驗來比較，就會顯得「有點像又不太像」。一個三角形經過扭曲或壓扁，仍是一個三角形；一個圓稍微扭曲或壓扁，就變成橢圓了；一個正方形稍微壓扁就變成長方形，稍微扭曲一下，又會變成平行四邊形了。我們當然都不會弄錯，因為我們知道精確的數學定義，可以準確地判斷。

　　當我們接觸新的數學詞語，應盡量從直觀的定義開始，先多利用一些例子觀察，然後再看數學化的定義，最好是帶有數學式的定義。剛接觸數學化的定義時，一定要多用幾個例子與直觀的定義作比較，建立兩者的連結，也就是能感覺兩者是相通的，同時也能看到直觀定義不精確的地方。

　　偶爾我們也可能直接學數學化的定義，會這樣做，多半是因為它沒有簡單直觀而不產生誤解的說法，這時就更要多舉幾個例子觀察，看看它的真實意義或使用方法。

1-2　　深入了解一個定義

　　因數與倍數小學就學了，在國中、高中也是重要觀念，國中時還不一定用數學式去定義，但到了高中，就應該學會含有數學式的定義，還要知道怎樣運用定義。

實例說明（國中、高中整數單元）

因數與倍數：a, b 為整數且 $b \neq 0$，若存在整數 c，使得 $a = bc$，
則 b 為 a 的因數，a 為 b 的倍數。

　　這是一個帶有數學式「$a = bc$」的定義，舉個例子看看吧：45是9的倍數，因為45 = 9 × 5。

　　把「a 為 3 的倍數」代入定義，就變成「存在整數 c，使得 $a = 3c$」。平常我們看見「3 的倍數」，就直接想到「$3n$，n 為整數」，那麼 7 的倍數就是 $7n$，9 的倍數就是 $9n$，這就是定義直接的應用。

　　若 a，b 為整數，$42a + 49b$ 是不是 7 的倍數？根據定義，我們就該這樣想：$42a + 49b$ 能不能化成 $7 \times (\text{整數})$？

　　因為 $42a + 49b = 7(6a + 7b)$，而且 $6a + 7b$ 是整數，所以 $42a + 49b$ 是 7 的倍數，這也是定義直接的使用，也是因數問題的重要方法。只從定義也可以解出一些題目了。

實例說明（國中、高中整數單元）

題目：若一個四位正整數的各位數字和是 3 的倍數，

　　　　試證：這個四位數也是 3 的倍數。

證明：

設這個四位數為 $n = 1000a + 100b + 10c + d$，

　　即 n 的千、百、十、個位數依次為 a，b，c，d。

因為各位數字和是 3 的倍數，可以設

　　$a + b + c + d = 3k$，其中 k 為整數。

則 $n = 1000a + 100b + 10c + d$

　　$= 999a + 99b + 9c + (a + b + c + d)$

　　$= 3(333a + 33b + 3c) + 3k$

　　$= 3(333a + 33b + 3c + k)$

因為 $333a + 33b + 3c + k$ 是整數，所以 n 也是 3 的倍數。

再看看「直線的斜率」的定義，這是高中第一冊的一個重點，它有多方面的意義，需要仔細了解。

實例說明（高中直線方程式單元）

定義：直線 L 通過兩點 (x_1 , y_1)、(x_2 , y_2) 且 $x_1 \neq x_2$，

則直線 L 的斜率為 $\dfrac{y_2 - y_1}{x_2 - x_1}$（也可看成 $\dfrac{y_1 - y_2}{x_1 - x_2}$）。

斜率通常都直接用數學式去定義，因為很難不用數學式而能精確描述它。直接看這種定義，會感覺不到它的意義，這時更要多舉些例子來幫助理解，千萬不可只是背下定義，或只是代入定義求一次斜率，就以為自己學會了。

現在我們就來舉幾個例子，從不同的方向，感覺一下斜率的意義：

(1)　圖（一）中，四點 $A(3 , 2)$、$B(7 , 4)$、$C(5 , 0)$、$D(-2 , 2)$，按定義，

直線 $\overleftrightarrow{AB}$ 的斜率為 $\dfrac{4-2}{7-3} = \dfrac{1}{2}$

直線 $\overleftrightarrow{AC}$ 的斜率為 $\dfrac{0-2}{5-3} = -1$

直線 $\overleftrightarrow{AD}$ 的斜率為 $\dfrac{2-2}{-2-3} = 0$

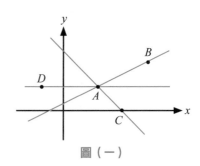

圖（一）

(2) 這定義為「直線的斜率」，如圖（二），
若作線段 $\overline{AP}$、$\overline{BP}$、$\overline{CQ}$、$\overline{DQ}$ 分別
平行 x 軸、y 軸，取 A，B，斜率為 $m = \dfrac{\overline{BP}}{\overline{AP}}$，
若取 C，D，斜率為 $m' = \dfrac{\overline{DQ}}{\overline{CQ}}$，
因為 $\triangle ABP$ 與 $\triangle CDQ$ 相似 $\Rightarrow m = m'$，
所以固定直線有固定的斜率，才能稱為
「直線的斜率」。

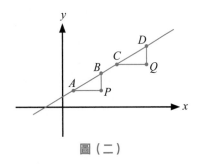

圖（二）

(3) 斜率可能是正的，也可能是負的，
正負符號代表直線的方向：
圖（三）中，$A(x_1 , y_1)$、$B(x_2 , y_2)$，
直線為左下右上時，$x_1 < x_2$、$y_1 < y_2$，
$x_1 - x_2$、$y_1 - y_2$ 同時為負，斜率為正。
圖（四）中，$A(x_1 , y_1)$、$B(x_2 , y_2)$，
直線為左上右下時，$x_1 > x_2$、$y_1 < y_2$，
$x_1 - x_2$、$y_1 - y_2$ 一正一負，斜率為負。
另外由**(1)**可知：水平線斜率為 0。

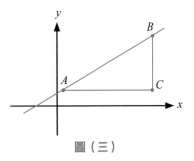

圖（三）

(4) 斜率的絕對值，就是直線上兩點的
「鉛直距離與水平距離比」，在**(3)**的
兩圖中，斜率的絕對值就是 $\dfrac{\overline{BC}}{\overline{AC}}$，
也可以說，越斜的直線，斜率的絕對值
就越大。

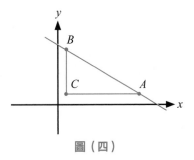

圖（四）

(5)　將斜率的正負與絕對值一起考慮，試著畫一條斜率為1的直線。有沒有發現，它是左下右上，且與 x 軸夾角 $45°$？再畫一條左上右下、且與 x 軸夾角 $60°$ 的直線，那麼它的斜率為 $-\sqrt{3}$。

(6)　斜率 $\dfrac{y_1 - y_2}{x_1 - x_2} = \dfrac{\Delta y}{\Delta x}$，$\Delta x$ 是 x 的變化量，Δy 是 y 的變化量。斜率也可說是「y 變化量與 x 變化量的比值」。印證一下，左下右上的直線上兩點，x 坐標增加時，y 坐標也相應增加，Δx、Δy 都是正的，所以比值（斜率）為正。

(7)　再看定義，為何要「$x_1 \neq x_2$」？若 $x_1 = x_2$，則斜率 $\dfrac{y_1 - y_2}{x_1 - x_2}$ 的分母為 0，斜率就無意義了。鉛直線上任兩點都會 $x_1 = x_2$，所以鉛直線的斜率沒有定義，或一般說法是「鉛直線沒有斜率」。

　　當我們想了這麼多以後，大概就真的了解斜率的定義了，以後各個題目中若要用到斜率，就很容易掌握了，再多練習一些題目，就會對斜率越來越熟悉。記著，斜率有很多面向的意義，千萬不要以為背下了式子 $m = \dfrac{y_2 - y_1}{x_2 - x_1}$，就算學會斜率了。

　　有時我們也可以從名稱去想到可能的意義，但是一定要對照數學化的定義去看。因為，有時候中文名稱的翻譯不是那麼貼切，直接想可能引起誤解。像「斜率」，意思就好像是「傾斜的比率」，實際上只對了一半，斜率的絕對值大致是「傾斜的比率」，但在數學裡，斜率的正負又代表「傾斜的方向」。

1-3　　數學化定義也可能有很多種

即使是帶有數學式的定義，也可以有很多種，當然這些定義彼此必是吻合的，用精確的說法，它們彼此都是充要條件（如果你不知道什麼是「充要條件」，請看第 4 節〈注意等價的關係〉），任何一個當成定義，其他幾種就可以看成性質，都可以由定義推導出來。

不同的定義是從不同的觀點去看，在學習時，往往先學其中一個，再因為不同想法或需要而學到其他的。我們可以將這些方向不同的都視為定義，在做題目時，我們也會根據題目的條件去選擇合適的定義優先考慮。

下面我們比較一下斜率的兩種定義方式。

實例說明（高中直線方程式單元）

這兩個都可以看成斜率的定義。

(1) 直線 L 通過兩點 (x_1, y_1)、(x_2, y_2) 且 $x_1 \neq x_2$，

　　則直線 L 的斜率為 $\dfrac{y_2 - y_1}{x_2 - x_1}$ 。

(2) 若直線 L 的方程式為 $y = mx + k$，

　　則直線 L 的斜率為 m 。

第一種定義前面討論過，那麼第二種定義也是相通的嗎？我們舉個例子來看一看。

直線 $L: y = 4x + 5$ 看成兩變數 x 與 y 的一個關係式，當 $x = 0$ 時 $y = 5$，當 $x = 1$ 時 $y = 9$，當 $x = 2$ 時 $y = 13$，……。每當 x 增加 1 時，y 隨之增加 4，所以 $y = 4x + 5$ 這個關係式就告訴我們：「y 變化量總是 x 變化量的 4 倍」，這就是斜率 $m = \dfrac{y_2 - y_1}{x_2 - x_1} = 4$ 的意思，因此這兩種定義是完全吻合的。

由第二個斜率定義，我們也可以直接看見 $y = -6x + 4$ 的斜率為 -6，或 $y = 3x - 3$ 的斜率為 3；反過來說，若一直線斜率為 5，就可以假設這直線為 $y = 5x + k$。

為什麼要看成兩個定義呢？在解題時，如果題目有關於直線上的點，我們直接想到第一個定義；如果題目有關於直線方程式，我們直接想到第二個定義。無論我們使用哪一個定義，斜率的各種性質都是對的。這裡我說的「有關」，是指題目的已知或求解，接下來在本書中我會常這樣形容。

那麼再多記幾個定義好嗎？不好。只有這些完全不同方向的兩個定義，才需要個別去記；數學提到的東西，多半都只要記一個定義即可。再看一個例子：

實例說明（國中）

(1)　△ABC 的外心就是 △ABC 的外接圓圓心。

(2)　△ABC 的外心 O 就是滿足 $\overline{OA} = \overline{OB} = \overline{OC}$ 的點 O。

(3)　△ABC 的外心就是 $\overline{AB}$、$\overline{BC}$、$\overline{CA}$ 的中垂線交點。

我們可以將其中任何一個當成外心的定義，另兩個看成外心的性質，也可以看為不同方向的三種定義，而在做題目時，依條件與求解做適當選擇。

1-4　交互使用直觀的定義與數學化的定義

在解題時，直觀定義或數學化定義都可能用到。直觀的定義常能立即帶我們找到問題的核心，也讓我們容易觀察或猜測出可能的方向與結果。另一方面，著手解題目時，帶有數學式的數學化定義，優點在於方便引入數學式，再由算式推導出更多的結果，也可能會發現直觀時忽略的細節。

實例說明（國中程度）

證明：奇數的平方也是奇數。

只要想想奇數的直觀定義，再舉幾個例子，大概每個人都肯定這是對的，可是要如何證明呢？只要想想帶有數學式的定義，可能就可以想到該這樣證明：

設 $n = 2k + 1$ 為一個奇數，其中 k 為整數。

則 $n^2 = (2k + 1)^2 = 4k^2 + 4k + 1 = 2(2k^2 + 2k) + 1$

因為 $2k^2 + 2k$ 為整數，故 n^2 為奇數。

　　學測常出現非常簡單的思考題，就是那種大家都沒見過，但無法用標準方法來解，可是只要利用基本定義就能簡單解出來的題目。我個人很欣賞這類題目，因為它們最能測出學生真正的數學能力。對付這種題目的最佳方法，就是平時對每個定義，能反覆由不同的方向思考清楚。

1-5　　定義有主要部分與附帶條件

　　有些定義可以分成主要部分與附帶條件。以帶有數學式的數學化定義來說，那個數學式就是主要部分，其他的就可以看成附帶條件。

　　解題時幾乎都在使用那個主要部分，而附帶條件通常是讓我們檢查題目是否適用這個定義，或者是有沒有特殊例外情形。這些附帶條件，我們在平常解題時應該都要注意，如果平常只想算出答案就好，而不深思為何可以這樣使用，久了以後對這些附帶條件生疏了，在遇到類似的題目就可能誤用。

實例說明（國中）

x 的二次多項式就是 $ax^2 + bx + c$，其中 $a \neq 0$。
主要部分是「$ax^2 + bx + c$」，
附帶條件是「$a \neq 0$」。

　　看到這種定義，我們要立即檢驗，若附帶條件不成立時會有什麼結果：當 $a = 0$，當然就明顯不是二次多項式。

　　當我們做題目時看見 $2x^2 + 3kx + 1$ 或 $ax^2 + bx + c$，馬上就該想到二次多項式，以及很多相關用法。而且做完題目後也該想一想：萬一 $a = 0$ 時又會怎樣？不再是二次函數了，那我們的解法是否有瑕疵？下面這個例子，讓我們了解主要部分與附帶條件使用上的差異。

實例說明（國中）

若 x 的方程式 $kx^2 + 6x + 1 = 0$ 有兩相異實根，
試求實數 k 的範圍。

　　這個題目看起來不難吧？大家也可以自己試試看。二次方程式有兩相異實根的充要條件為「判別式大於0」，所以用判別式：$6^2 - 4 \times k \times 1 > 0 \Rightarrow 36 - 4k > 0 \Rightarrow k < 9$。

　　這樣做有問題嗎？確實有問題，我常拿來在課堂上問高中生這樣做有什麼錯，只有很少的學生能回答出來。問題出在，「$kx^2 + 6x + 1 = 0$ 是二次方程式」嗎？若 $k = 0$ 就不是二次方程式，也不能用判別式來判斷，所以要另外再考慮：當 $k = 0$ 時，方程式成為 $6x + 1 = 0$，沒有兩相異實根，所以正確的答案應該是「$k < 9$ 且 $k \neq 0$」。

實例說明（高中二次曲線單元）

橢圓的定義： 平面上兩相異定點 F_1、F_2 及定數 a 滿足 $2a > \overline{F_1F_2}$，則平面上滿足 $\overline{PF_1} + \overline{PF_2} = 2a$ 的所有 P 點所成的圖形為橢圓。

主要部分是「$\overline{PF_1} + \overline{PF_2} = 2a$」，

附帶條件是「F_1、F_2 相異」與「$2a > \overline{F_1F_2}$」。

同樣地，我們也要考慮一下，若「F_1、F_2 重合」或「$2a \leq \overline{F_1F_2}$」時，圖形不是橢圓，那又變成什麼？當我們看見點 P 滿足 $\overline{PA} + \overline{PB} = 10$，馬上就該想到 P 是橢圓上一點以及相關的用法，可是做完題目後也該想一想，A、B 是否相異？是否滿足 $\overline{AB} < 10$？萬一不符合，那我們的答案可能就有問題了。

實例說明（高中二次曲線單元）

題目： a，b，c，d 為實數，k 為正實數，則方程式

$$\sqrt{(x-a)^2 + (y-b)^2} + \sqrt{(x-c)^2 + (y-d)^2} = 2k$$

的圖形可能有哪些？

大家應該可以注意到，題目的方程式裡有距離的關係，如果假設 $A(a,b)$、$B(c,d)$、$P(x,y)$，則原方程式就變成 $\overline{PA}+\overline{PB}=2k$，正常情形是橢圓。但一定是橢圓嗎？

如果 A、B 相異且 $\overline{AB}<2k$，才能確定是橢圓；若 $\overline{AB}=2k$，則變成一線段；若 $\overline{AB}>2k$，則變成沒有圖形；又若 A、B 重合，則變成 $\overline{PA}=k$，也就是一個圓。所以答案應該是橢圓、圓、線段、沒有圖形，共四種。

也許有人覺得專門拿這種枝節問題來考學生不合適，我同意一般對高中生的要求沒有這麼高，可是，**精確考慮每一個細節**，是正確學習數學的態度，學生應該要朝這個方向去做。

1-6　類似定義的數學式

有些東西我們在國中就已熟悉，只是當初都沒有精確地去定義它們，當我們再看到時，就可以試著用數學式去定義。有些算不上是定義，而是將一些性質以數學式表示的方法，這些就值得我們特別去記。而看到別人解題時用到的，也應該多多學習。

下面是一些例子：

(1)　n 為 7 的倍數：$n=7k$，k 為整數。

(2)　正整數 n 的個位數字為 6：$n=10k+6$，k 為非負整數。

(3)　正整數 n 的末尾有 k 個 0：$n=10^k\times m$，m 為正整數。

(4)　n 為三位正整數：$100\leq n\leq 999$，n 為整數。

(5)　$f(x)$ 的最大值為 M：

　　$f(x)\leq M$ 恆成立，且存在 a 使得 $f(a)=M$。

(6)　兩數相差 2：兩數為 k、$k+2$。

(7)　兩自然數 a, b 的最大公因數為 13：

$a=13k$，$b=13h$，h, k 為自然數且 $(h,k)=1$。

(8)　n 是連續三個整數的乘積：$n=k(k+1)(k+2)$，k 為整數。

(9)　x 是完全平方數：$x=y^2$，y 為有理數。

只要細心，就會發現更多實用的例子！

2
新學一個公式或定理

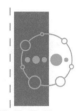

公式通常是指「將一串常用而複雜的運算，簡化成一個簡單結果」，例如：等差數列的首項為 a，公差為 d，則此等差數列的第 n 項為 $a_n = a + (n-1)d$；或是 $(x+y)^2 = x^2 + 2xy + y^2$。熟記公式後，就可以跳過其中的計算。照理說，忘記公式的時候，必須自行計算，多花一點時間還是可以解決問題。

定理通常是指「在某些特定條件下，必定會有的一些結論」，例如餘式定理：多項式 $f(x)$ 除以 $x-c$ 的餘式為 $f(c)$，又如餘弦定理：$\triangle ABC$ 三對應邊長 a，b，c，則 $a^2 = b^2 + c^2 - 2bc \cos A$。

定理的條件與結論，通常要比公式複雜，不過這只是大概的區分。不論是公式、定理，或被稱為性質、規律、引理或關係等等，都是數學上「可以證明，也可以直接引用」的工具。在本書中，我都統稱它們為公式或定理。它們可能只是幾個簡單步驟的結果，也可能是複雜觀念或計算所推導出的結論，學習與使用的方法都差不多。

定理就像工具，能夠熟練使用才是最重要的。我家有一套一百多件的工具組，可是我什麼都不會修；老師傅隨身帶幾樣工具，就能修理很多水電問題。解決問題的是人而不是工具，同樣的，公式不用多，能精確又適切地使用才是重點。

2-1　　哪些公式要背？

這很難訂出一個標準，通常也要隨個人學習進度或對自己的要求而定。大致上，課本有的公式都要背，那些公式是學習到那個程度就應該要會的。至於其他的公式，可以依據下面三個原則：

一、**只有經常會用到的公式才要背**；相對的，不常用的公式即使背了也會忘記，不如不背。當然，不背公式的意思是：寧願多花一點時間慢慢算出來。有些公式完全是針對一個題目量身打造的，背這種公式好像很棒，代入公式馬上就得到答案，但一段時間後，忘了公式就什麼都不會了，遇見稍有變化的題目也無法使用；更糟糕的是，背這種公式使我們不去做該有的思考，反而妨礙了學習。

二、**只有能省略大段運算過程的公式才要背**，而且對公式的使用方法也要清楚。有的學生只記得「這個題目套這個公式」，而沒有仔細想清楚套用公式的時機與適用性，結果背公式就像背答案一樣了。相對的，如果可以簡單計算出結果的，就不要背公式，寧願每次用算的。如果常用，會越算越快，最後算得跟背得一樣快，而且永遠不怕忘記，也不會記錯。

三、**有簡單道理可以簡單記得的公式也可以記**。這類公式的形式，可能讓人看了就覺得很有道理，也有些定理由圖形上就能「感覺」它是對的。這種道理並不一定是精確的證明，我們記的只是「這看起來是對的，結果真的是對的」。這樣的公式或定理很多，有時我們也刻意去想出一些合理的解釋，幫助我們去記定理。例如：等腰三角形的兩底角也相等（因為兩邊對稱）；三角形的大邊對應大角（畫幾個三角形就能感覺到）。

背太多不該背的公式，是一種錯誤的學習方法，只想依賴背公式來解題，也是一種錯誤的心態。簡單的判別方式就是：如果常感覺數學有背不完的公式，或者總覺得公式背了又忘，那麼你就該考慮是否要硬記那些不必記的公式了。

2-2　　深入了解一個定理

有些學生看到公式或定理就背，然後學習如何套到題目中，接著再做幾個類似題，做對了就以為學會定理了。如果只把學習重心放在解題上，而不是真正了解定理，當然將來就很難活用這些定理。學習目標應該是深度理解定理，理解定理本身才是最重要的，然後才是學會怎樣應用定理去解題。

學通一個題目，就只是一個題目，但如果學通一個定理，就會解一堆題目。

有一次剛檢討完考卷，曉菁帶著她的作答卷來問：「老師，我這樣做為什麼會錯？」我看了曉菁的作答，她誤用了一個定理，於是我反問她：「這裡為什麼可以這樣做？」曉菁看了我一眼，疑惑地問：「上次那題這樣做就對了呀。」

曉菁的想法是，她照著上次那題的做法照樣做就應該會對了——可是這次題目的條件變了一點，原來的定理就不適用了。這是很多學生的共通問題，沒有用定理本身去推論，而是模仿類似的經驗。這樣的學習是本末倒置，想要簡單學習，結果踢到鐵板。

如何深入學習一個定理呢？新學了一個定理後，也許做過幾個基本運算、標準題，就該開始思考這幾個問題了：

一、**這定理有些什麼條件？有些什麼結論？如何證明？**首先，要弄清楚定理的主體，並且考慮一下，這結論是否合理，並舉幾個例子試試看。如果條件有很多個，試試看拿掉一個條件會如何？結論還成立嗎？或是結論會改變成怎

樣？經過這樣的考慮，就不容易誤用定理了。

二、**這定理要怎麼用？**也就是定理的結論用來解決什麼樣的問題？或是定理的使用範圍在哪？有什麼限制？這也是很重要的一步；我們必須能在遇見相關的問題時，「主動」想到這個定理，有時也要能盡快發現某個題目不適用。

三、**有沒有其他定理與這個定理有相關性？**也就是有沒有其他定理有類似的條件或結論？或是在相同範圍中還有哪些公式？要分清楚類似的定理在使用時有什麼差異，而在解題時，應該同時想到這一組公式，了解它們的差異，才能迅速找到合適的公式。

每個公式都應該從這三個方向仔細考慮。

2-3　　實例說明

實例說明 1：二次方程式的公式解（國中）

二次方程式 $ax^2 + bx + c = 0$ 的解為 $x = \dfrac{-b \pm \sqrt{b^2 - 4ac}}{2a}$ 。

這是大家在國中就碰到的重要公式，每個學生都應該背得很熟了，高中時也常會使用。可是學習這個公式不是背了就好，現在我們來分析一下：

一、這個公式的條件必須是一個二次方程式，結論是求出此方程式的根，證明方法是用配方法解出。以這個公式為例，應該是先會配方法解二次方程式，然後再學公式簡單求解，這樣按部就班學習，萬一忘了公式，只需麻煩一點用配方法。另外，這個公式完全符合2-1所說的前兩個條件：因為計算繁瑣，才需要公式簡化；因為經常使用，才不會忘記。

二、這個公式該怎樣用？當然是在解二次方程式的根時用這個公式。如果二次式能夠簡單分解，我們會用十字交乘法分解，再求方程式的根；如果無法簡單分解，我們可以用配方法或代公式，去求方程式的根。可是配方法計算冗長，而我們又常常需要解二次方程式，所以有這個公式來縮減計算的過程。另外，有些方程式可以簡化或代換成二次方程式。例如：$\dfrac{x^2-5}{x}=4$ 或 $x^4-10x^2+9=0$。

三、至少有兩組公式與這個公式有關：「根的判別」以及「根與係數關係」。這兩組公式都是原公式再延伸後的結果，比較一下它們的用法吧。

根的判別：二次方程式 $ax^2+bx+c=0$ 的解為

(1) 兩相異實數根 $\Leftrightarrow b^2-4ac>0$

(2) 兩相等實數根 $\Leftrightarrow b^2-4ac=0$

(3) 沒有實數根 $\Leftrightarrow b^2-4ac<0$

其中 a，b，c 為實數，b^2-4ac 為 $ax^2+bx+c=0$ 的判別式。

這個公式的由來，就是二次方程式的根的公式，稍微比較一下，一個是求「根等於多少」，一個是求「根的性質或實根的個數為何」，使用的時機不同吧。

根與係數關係： $ax^2 + bx + c = 0$ 的兩根為 α、β，則

$$\alpha + \beta = -\frac{b}{a}，\alpha\beta = \frac{c}{a}$$

這個公式可以由二次方程式的根的公式來證明。比較一下，這個公式是求「由兩根 α、β 所衍生出來的算式」，例如：$\alpha^2 + \beta^2$、$\frac{\alpha}{\beta} + \frac{\beta}{\alpha}$，而不是直接求兩根。

實例說明 2：餘弦定理（高中三角單元）

$\triangle ABC$ 三頂點 A、B、C 的對邊長分別為 a、b、c，則會滿足

$$a^2 = b^2 + c^2 - 2bc\cos A \qquad b^2 = c^2 + a^2 - 2ca\cos B \qquad c^2 = a^2 + b^2 - 2ab\cos C$$

結論也可寫成：$\cos A = \dfrac{b^2 + c^2 - a^2}{2bc}$　$\cos B = \dfrac{c^2 + a^2 - b^2}{2ca}$　$\cos C = \dfrac{a^2 + b^2 - c^2}{2ab}$。

這是高中三角函數單元的重要公式，很多高中生都背得很熟，也能套進基本題中解題，可是遇到更深入的思考題時，就無法靈活使用這個公式了。

現在我們深入分析一下：

一、公式的條件很單純，就是三角形的邊與角。結論也很單純，就是一個等式 $a^2 = b^2 + c^2 - 2bc\cos A$，從圖形去記，只要記一個式子即可。兩種結論是等價的，可以由一種推到另一種。證明方法很多，利用三角或解析幾何都能證出。特別當 $A = 90°$ 時，$\cos A = 0$，餘弦定理就變成畢氏定理 $a^2 = b^2 + c^2$。

二、餘弦定理是三角形的邊角關係式，任何牽扯三角形邊與角的問題就該想到它了。餘弦定理的式子包含三個邊長與一個夾角，也就是**三邊一角關係式**。那麼我們可以由三邊去求一角，也可以由二邊一角去求第三邊，甚至已知一邊一角就可以得到另兩邊的一個關係式，或是只知一角就可以得到三邊的一個關係式。

看起來有點複雜，其實也可以這樣簡單想：**如果已知與求解合起來有三邊一角，就可以用餘弦定理了**。

三、這個式子屬於三角形邊與角的關係式，相關的邊角關係式，還有「三角形三內角和為180°」、「兩邊和大於第三邊」與正弦定理。前兩者大家都能靈活使用，我們考慮一下**正弦定理**：$\dfrac{a}{\sin A} = \dfrac{b}{\sin B} = \dfrac{c}{\sin C} = 2R$，其中$R$為$\triangle ABC$的外接圓半徑。

暫且不考慮R，正弦定理是**二邊二角的關係式**，若已知與求解合起來是二邊二角，就該用正弦定理了。把正弦定理與餘弦定理綜合起來，就可以解出很多單一三角形的問題了。

這是一個很有用的觀念：**在單一三角形的問題中，若有三個條件，則此三角形就會是有限組解**。這裡的「有限」是說：通常是恰有一組解，有時可能無解或兩解。國中學的三角形全等條件都是三個條件，也就是三個條件決定唯一的三角形。所以若是已知三個邊或角，就應該能求出其他的邊或角，而正弦定理與餘弦定理都是四個邊或角的關係式，就提供我們由三個條件求其他邊或角的方法。

實例說明3：虛根成對性質（高中方程式單元）

$f(x) = 0$是一個實係數多項式方程式，若$f(x) = 0$有一虛根z，
則z的共軛虛數$\bar{z}$也是$f(x) = 0$的一根。

一、這定理有兩個條件：「$f(x)$必須是一個實係數多項式」和「$f(x) = 0$有一虛根
z」。結論是「$f(x) = 0$也會有一根$\bar{z}$」，還有另一個衍生的結論：實係數多項式
方程式必定有偶數個虛根。證明方法不難，但有一些繁瑣，課本上都有完整
證明。其中「實係數」這個條件很重要，若少了這條件，結論就不成立了。

$$x^2 - (1 + i)x + i = 0 \Rightarrow (x - 1)(x - i) = 0 \Rightarrow x = 1 , i$$

就是一個反例，因為不是實係數，所以有一虛根i，但沒有共軛虛數根$-i$。

二、直接使用很單純：「設a, b為實數，$x^2 + ax + b = 0$有一根$2 + 3i$，則有一根$2 -$
$3i$」是對的用法，「設$x^2 + ax + b = 0$有一根$2 + 3i$，則有一根$2 - 3i$」就錯了。
學習時把條件看清楚，使用時把條件想清楚，就不會誤用了。

三、相關的定理有**代數基本定理**、**實根勘根定理**，每當使用這三個定理之中的任
何一個，就要主動想到另外兩個。這些定理彼此交互運用之後，又能得到很
多結論。細節不是本書重點，就不再多闡述了。

　　如果讀者已經學過這三個公式，看過上面的實例，就該了解到，如何才算是深入學習一個定理。很多學生公式記得很多，也記得很熟，可是自行解題時都用不出來，那不是不懂，而是懂得不夠深入。能夠這樣深入學習定理，才能運用自如。

　　每個學生大概都有這樣的經驗：考試時遇到怎麼想都想不出來的題目，等到老師講解時才發現，其實一點都不難。解題用的方法自己都知道，公式也都會，只是自己沒有「想到」該如此使用。問題多半在於無法善用自己認得的公式，而不是會的公式太少。

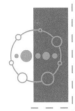

3 如何去記一個公式或定理

　　數學是理解的科目，重點不是「背」公式，更不是「多」背公式。背得少又背得巧，才是正確方向。

　　記公式也是有技巧的，最忌諱的是「死背」，也就是像背國文課文那樣，利用反覆朗誦或默唸把公式記下來。最快記得公式的方法不一定是死背，而最快忘記公式的方法絕對是死背。死背方式記公式容易忘記，更容易誤用，特別是一些複雜又不常用的公式。

　　數學裡需要死背的公式非常少，只有當公式的推導過程很長，而且沒有簡單的看法，又要經常使用，這樣的公式只好死背。例如九九乘法表，大概每個人當初都是死背起來的，沒有人看過幾遍就「看懂所以就認得了」，但因為經常使用，也不怕會忘記。

　　有的人（甚至有些老師）覺得多背些公式總比少背好吧，這是很可怕的想法，好像以為亂吃補藥沒關係，其實副作用很可怕的。同樣範圍的學習裡，只記住5個公式的學生會記得很熟，必須想辦法活用這5個公式來解題；去記50個公式的學生會記不熟而誤用，而且會只想套公式，阻礙了思考的能力。

3-1　多半公式不需要死背

　　請問你數學裡哪一個公式最難背？我覺得九九乘法表最難背。別當我開玩笑，請你想想看，你還學過哪一個公式比九九乘法表更大、更複雜？既然九九乘法表都能背起來，當然其他公式也都能背起來。

　　可是，多半學生的問題不是「背不起來」，而是背了又忘，或是無法正確使用，或是該用的時候想不到它。當然大家都知道原因，其他公式沒有像九九乘法表那樣每天用，所以就需要一些技巧去記公式。

　　有一次我問學生：「**怎樣的公式永遠不會忘記？**」等學生想不到好辦法後，我再告訴他們：「**沒有背的公式永遠不會忘記。**」學生一片譁然，說我在唬爛。可是我是說真的，因為很多公式用對方法就認得了，根本不用背。有些用算就好了，有些想清楚就認得了，有些可以用特例去延伸，有時算熟了就自然記下來了。

　　請問你「$7 + 8 = ?$」，再請問你是用「算」的還是「記」的？你以前背過九九「加」法表嗎？你大概算熟了就自然記下來了。如果你仍不相信「算熟了就自然記下來」，我再舉一個國中數學的例子：請你做一題因式分解：$x^2 - 5x + 6$。

　　你是否一看就知道 $x^2 - 5x + 6 = (x - 2)(x - 3)$？你是用算的？還是背的？還是算熟了就自然看出來了？

　　3-2 到 3-8 小節是一些例子，說明各種記公式的方法，我所列出的方法是讓大家不容易忘記，如果再配合第 2-2 節講的方法去深入了解定理，你就更不容易忘記這些公式，也不容易用錯了。

　　死背數學而不去了解的後果很可怕，曾聽說有私立高職的學生竟然不會做分數的加減法，我無法想像他們的情形，可是我很確定，各位會算「分數加減法」的同學，都沒有死背「分數加減法公式」吧。

3-2　　算熟了就自然記下來

　　對於計算過程不長的公式，最好的辦法就是直接算，也有些公式推導過程稍長，可以用精簡的想法縮短計算步驟，然後就可以直接算。不要擔心這樣速度會慢，我們往往在算熟後可以直接看出結果，有時比背的還要快，而且不會弄錯，反而是那種背下來後就不再想原因的同學，才會弄錯或忘記。

　　下面是一組重要的公式，很多學生看我推演一次，就自然記下而且從未忘記，其實我只有教學生用簡單的方法去算出結果，或說是看出結果，而不是記下結果。

實例說明（國中到高中範圍）

國中的一個基本公式：$(a+b)^2 = a^2 + 2ab + b^2$。很多學生就這樣背：「$a$ 加 b 平方等於 a 平方加 $2ab$ 加 b 平方。」

現在我們看看這個公式的原理：

$$(a+b)^2 = (a+b)(a+b) = a^2 + ab + ba + b^2 = a^2 + 2ab + b^2$$

換個方式看看吧：

如右圖，乘出來共有4項，兩條直的實線對應
乘出 a^2 與 b^2，兩條交叉的虛線對應乘出 $2ab$。
這方法是直接算出結果，多算幾遍就自然能記
得公式了。

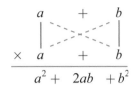

如果能用右圖「認出」這個公式，就可以不用
硬背，還可以有下面的推廣了：看著下面的圖，
你能不能說出 $(a+b+c)^2 = ?$

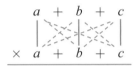

乘出來共有 $3 \times 3 = 9$ 項，先算三條直的實線得到 $a^2 + b^2 + c^2$，三組交叉
的虛線對應乘出 $2ab + 2bc + 2ca$。

看著上圖，你能不能「看出」：

$$(a+b+c)^2 = a^2 + b^2 + c^2 + 2ab + 2bc + 2ca$$

「算出」、「看出」比背起來有用多了！若上兩個例子你都可以用算出來
代替背公式，現在你可以進一步想一想 $(a+b+c+d)^2 = ?$
「哇！中間的交叉虛線太多，我已經看不清楚了。」別急，看不清楚是正
常的，即使前面的你看清楚了，$(a+b+c+d+e)^2$ 還是很難看清楚吧。
所以我們要有點新想法。重新再看這個圖：

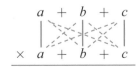

上下對應相同文字的都乘成平方，係數都是 1；上下對應不同文字的都
變成交叉虛線，所以係數都是 2（有 ab 就有 ba，變成 $2ab$）。

那麼 $(a+b+c+d)^2$ 應該有 $a^2+b^2+c^2+d^2$ 吧，係數是 2 的會有哪些呢？

任何不同字母相乘的項都該有：

先由 a 往後乘，有 ab , ac , ad

再由 b 往後乘，有 bc , bd

再由 c 往後乘，有 cd

那麼應該有 $2ab+2ac+2ad+2bc+2bd+2cd$ 吧。請你自己拿一張紙重
新算一遍 $(a+b+c+d)^2$，注意後半部要依著順序，以免遺漏。

如果你也能自己「算出」這個公式，恭喜你，你也可以再看看這個公式
的終極版本：

$$（和）^2＝（平方和）+2 \times（兩兩相乘之和）$$

你是否也可以「看懂」這個公式？記著，每次用它時，心中都要想一下剛才的圖，
你就永遠不會忘記了。

有許多同學看到公式就背，其實很多課本或參考書上的式子不一定是公式，有時
只是「整理出來的結論」，我們應該想想為什麼會這樣。自己能夠算出來就好，如果常
用，自然算得很快。

我在國中參考書裡看到這個：

實例說明（國中）

$L : ax + by + c = 0$為一直線，

(1) 當$a = 0$時，L垂直y軸，平行x軸。

(2) 當$b = 0$時，L垂直x軸，平行y軸。

(3) 當$c = 0$時，L通過原點。

這當然不算是公式，如果用背的，一不小心就會弄混。我們可以循著下面的步驟，逐步想清楚：

$y = 2$是一條直線，利用此處提供的簡單坐標圖，考慮y坐標為2的那些點，畫出$(0 , 2)$, $(1 , 2)$, $(2 , 2)$, $(3 , 2)$, …，我們自然看出來它是一條平行於x軸的水平線。

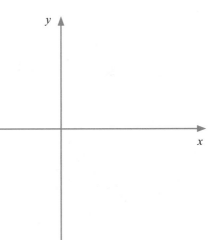

再試試看，$y = 3$與$y = 5$也是水平線吧？

那我們就發現$y = k$這樣的直線都是水平線了；也可以這樣想：「y坐標固定的點『高度都一樣』，所以是水平線。」

同樣的道理，$x = k$這樣的直線，都會是鉛直線了。

再看上面的規則(1)，當$a = 0$時，L為$by + c = 0$，也就是x項沒有了，L可變為$y = -\dfrac{c}{b}$，y坐標相同的點連

成水平線。這是幾何常用的規則，每次都這樣想過，就不可能忘記或記錯了。規則(2)也是一樣的道理。

再看上面的規則(3)，當 $c = 0$ 時，L 為 $ax + by = 0$，如果用原點 $(0 , 0)$ 代入得到 $0 = 0$ 成立，所以 L 必通過原點。

有人擔心這樣推演會不會太慢，放心，多推演幾次就會跟背得一樣快，而且這樣推演是有道理的，所以不會弄錯。還有一個更大的好處：這樣的想法常常可以推廣；例如二次函數 $y = 2x^2 - 5x$ 的圖形也會通過原點，高中學到的圓 $x^2 + y^2 + 4x = 0$ 也一樣會通過原點，道理都一樣。

在國中數學與高中數學裡，都有很多這類不需要背的公式，它們計算的過程很短，或者道理很簡單，那麼我們就應該用算的，算熟了比背熟了更有用。

有些公式或定理的演算過程比較長，可是我們也可以將過程簡化，譬如下面這個例子：

實例說明（高中多項式單元）

餘式定理：多項式 $f(x)$ 除以 $x - a$ 所得的餘式為 $f(a)$。

證明：由除法原理，可設

$$f(x) = (x - a)Q(x) + r，r 為餘式$$

以 $x = a$ 代入得：

$$f(a) = (a - a)Q(a) + r \implies f(a) = r$$

所以餘式為 $f(a)$

過程有點長,現在我們把它簡化一下:

A除以B得商Q餘R,就是$A = BQ + R$,
當$B = 0$代入$A = BQ + R$時,就得到$A = R$。

所以,「當除式等於0的x代入被除式,就變成餘式了」,這樣記就很簡單而且有道理。

再看另一個形式的餘式定理:

多項式$f(x)$除以$ax - b$所得的餘式為$f(\frac{b}{a})$

道理也一樣吧。

有一次我看到學生在背下面的「公式」:

實例說明(高中常用對數單元)

n為自然數,

$\log x$的首數為$n \Rightarrow x$為$n + 1$位數。

$\log x$的首數為$-n \Rightarrow x$小數點後第n位數開始不為0。

這當然算不上公式,更不該用背的。

簡單想一下,如果$\log x = n \Rightarrow x = 10^n \Rightarrow x$是1後面加上$n$個0,為$n + 1$位數;如果$\log x = -2 \Rightarrow x = 10^{-2} = \frac{1}{100} = 0.01$,小數點後第2位數開始不為0。自己想一下就能

看清楚，那麼就不要背，多想幾次就不會弄錯，更不用擔心會忘記。

你也能想著原理就寫出公式嗎？如果能夠做得到，請記著，每次使用公式時都還是要想一下原理，這樣你就永遠不會忘了。

3-3　用特例去推廣公式

有些公式看起來很複雜，不過它是由簡單形態再推廣得到一般形態，這時候我們先記熟簡單形態，再推廣即可。

實例說明（高中多項式單元）

當 n 為奇數，

$$x^n + 1 = (x + 1)(x^{n-1} - x^{n-2} + x^{n-3} - \cdots - x + 1)$$

$$x^n - 1 = (x - 1)(x^{n-1} + x^{n-2} + x^{n-3} + \cdots + x + 1)$$

當 n 為偶數，

$$x^n - 1 = (x + 1)(x^{n-1} - x^{n-2} + x^{n-3} - \cdots + x - 1)$$

$$= (x - 1)(x^{n-1} + x^{n-2} + x^{n-3} + \cdots + x + 1)$$

$x^n + 1$ 沒有 $x + 1$ 或 $x - 1$ 的因式。

這一組乘法公式，就連要看清楚都不容易，如果用死背的，更容易混淆。記的時

候可以分兩段來記。先考慮 $n = 2 , 3$ 的情況：

$$x^2 - 1 = (x + 1)(x - 1)$$
$$x^2 + 1 \quad 不能分解$$
$$x^3 - 1 = (x - 1)(x^2 + x + 1)$$
$$x^3 + 1 = (x + 1)(x^2 - x + 1)$$

前兩個公式，國中時應該已經很熟了，後兩個公式，上高中就要馬上背熟。那麼我們可以用它們來推廣。首先，去辨認什麼情況有什麼因式：

$$x^2 - 1 = (x + 1)(x - 1)，表示：x^{偶數} - 1 有因式 x + 1 , x - 1$$
$$x^2 + 1 \quad 不能分解，表示：x^{偶數} + 1 沒有因式 x + 1 , x - 1$$
$$x^3 - 1 = (x - 1)(x^2 + x + 1)，表示：x^{奇數} - 1 有因式 x - 1$$
$$x^3 + 1 = (x + 1)(x^2 - x + 1)，表示：x^{奇數} + 1 有因式 x + 1$$

例如：

$x^5 + 1$ 有因式 $x + 1$；　　　　$x^7 - 1$ 有因式 $x - 1$；

$x^{20} - 1$ 有因式 $x + 1 , x - 1$；　　$x^4 + 1$ 沒有因式 $x + 1 , x - 1$。

再記後面的式子：

由 $x^3 - 1 = (x-1)(x^2+x+1)$ 以及 $x^3 + 1 = (x+1)(x^2-x+1)$

推廣：n 次式提出一次因式之後，剩下的是 $n-1$ 次式。

提出 $x-1$ 因式後，剩下的式子呈 $+ + + + \cdots$ 方式；

提出 $x+1$ 因式後，剩下的式子呈 $+ - + - \cdots$ 方式。

n 是奇數或偶數沒有影響。

現在試試看：$x^7 - 1$ 與 $x^3 - 1$ 同樣有 $x-1$ 因式，剩下的是 $+ + + + \cdots$，而且是六次式，所以：

$$x^7 - 1 = (x-1)(x^6+x^5+x^4+x^3+x^2+x+1)$$

$x^6 - 1$ 有 $x+1$, $x-1$ 因式，可分解成

$$(x-1)(x^5+x^4+x^3+x^2+x+1) \quad \text{或}$$
$$(x+1)(x^5-x^4+x^3-x^2+x-1)$$

補充說明：

1. 這是記公式的方法，不是證明。
2. 這組公式只是找 $x+1$, $x-1$ 因式，x^6+1 沒有 $x+1$, $x-1$ 因式，但還是可分解成：

$$x^6 + 1 = (x^2)^3 + 1 = (x^2+1)[(x^2)^2 - x^2 + 1] = (x^2+1)(x^4-x^2+1)$$

3. 學過因式定理的同學，也可用因式定理來檢驗因式 $x+1$ 或 $x-1$。
4. 可用等比級數檢驗整個公式。

3-4　用性質或特例去記公式

實例說明（高中三角單元）

正弦定理：$\triangle ABC$中，$\angle A$、$\angle B$、$\angle C$的對邊長分別為a、b、c，

則滿足$\dfrac{a}{\sin A} = \dfrac{b}{\sin B} = \dfrac{c}{\sin C} = 2R$，其中$R$為$\triangle ABC$的外接圓半徑。

　　這是個非常重要的定理，記的時候可以分前後兩部分，

前半部是$\dfrac{a}{\sin A} = \dfrac{b}{\sin B} = \dfrac{c}{\sin C}$，意思是「三邊長的比，等於

三對角正弦的比」。

　　請看右圖，$\angle B < \angle C$，則$\angle B$所對的弧或弦也小於

$\angle C$所對的弧或弦。實際上，一圓的圓周角上，

弧長與角成比例，弦長與角的正弦成比例。這也是

「正弦」最古老的定義：$\sin A$是直徑為1的圓上，

圓周角A所對的弦長。

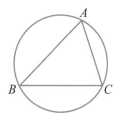

　　正弦定理後半部是說「比值為$2R$」，看看右邊的圖，

直徑所對的圓周角為直角，當$A = 90°$時，$\sin A = 1$，

而$a = 2R$，所以$\dfrac{a}{\sin A} = \dfrac{2R}{1} = 2R$，也就是比值為$2R$。

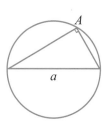

　　這就是利用特例的輔助來記公式。不過一定要記得，這些性質與特例可以幫助記公式，但若是要證明，不能只用特例。

> **餘弦定理**：△ABC中，∠A、∠B、∠C的對邊長分別為a、b、c，
> 則滿足 $a^2 = b^2 + c^2 - 2bc\cos A$。

　　這個定理也很好記。

　　先看左邊 $a^2 = b^2 + c^2$，正是畢氏定理，這當然不是巧合：當 $A = 90°$ 時，則 $\cos A = 0$，代入餘弦定理即得。

　　再看多一點，就會看見 $a^2 = b^2 + c^2 - 2bc$，右邊剛好為完全平方式 $(b-c)^2$，這也不是巧合：想像一下當 $A = 0°$ 時，△ABC好像被壓扁成一線段，如下圖：

　　看到沒有？是不是出現了 $a = |b-c|$（也有可能 $b < c$），也就是 $a^2 = (b-c)^2$ 或 $a^2 = b^2 + c^2 - 2bc$，此時 $\cos A = \cos 0° = 1$，剛好符合餘弦定理。

　　我們也可以試一試當 $A = 180°$ 時，$\cos A = -1$ 是不是會出現 $a = b + c$？

　　於是，我們可以重新這樣記餘弦定理：

先是畢氏定理 $a^2 = b^2 + c^2$；

後面補上成完全平方式的 $2bc$，變成 $a^2 = b^2 + c^2 - 2bc$；

最後再補上 $\cos A$ 變成 $a^2 = b^2 + c^2 - 2bc\cos A$，就是餘弦定理了。

　　最後那個 A 是最左邊那個 a 的對角，既然叫做「餘弦」定理，當然後面補上的是 $\cos A$，不會弄成 $\sin$ 或 $\tan$。

3-5　可以互推的公式只記一個

實例說明（高中）

公式：$x^3 - 1 = (x-1)(x^2 + x + 1)$ 　與

$x^3 - y^3 = (x-y)(x^2 + xy + y^2)$ 　其實是一樣的。

　　單元多項式的公式，常轉換成齊次式的公式，這時候只要記一個，然後再一魚兩吃即可。相關的情形有很多種，例如：

$$x^2 - 2x - 3 = (x-3)(x+1) \Leftrightarrow x^2 - 2xy - 3y^2 = (x-3y)(x+y)$$

當 $a \neq 0$，大家都會這個公式：

$$ax^2 + bx + c = 0 \Rightarrow x = \frac{-b \pm \sqrt{b^2 - 4ac}}{2a}$$

其實，也可以：

$$ax^2 + bxy + cy^2 = 0 \implies x = \frac{-b \pm \sqrt{b^2 - 4ac}}{2a}\, y$$

下面兩組公式也是一樣的：

實例說明（高中三角單元）

二次式化二倍角：

$$\cos^2 \theta = \frac{1 + \cos 2\theta}{2} \;\; ; \;\; \sin^2 \theta = \frac{1 - \cos 2\theta}{2}$$

半角公式：

$$\cos \frac{\theta}{2} = \pm \sqrt{\frac{1 + \cos \theta}{2}} \;\; ; \;\; \sin \frac{\theta}{2} = \pm \sqrt{\frac{1 - \cos \theta}{2}}$$

　　多半人看成兩組公式，可是仔細比較一下，會發現它們其實只是一個公式的兩面而已，所以只要背一組，再推出另一組就好。第一組比較常用，通常我會讓學生背第一組就好，而且背的時候右邊就是背成「二倍角」，這是這組公式的本意，左邊角為 $2x$ 則右邊為二倍 $4x$，那麼左邊角為 $\frac{\theta}{2}$ 時，右邊角當然為二倍 θ 了。

　　高中數學裡有很多這種情形，看似幾個不同的公式，其實本質或原理是相同的，只記一個再推廣運用，就能「背得少而用得多」。

3-6　類似公式一起背

　　有些公式彼此很像又容易混淆，就必須一起認，才不容易用錯。同時也必須先比較它們的差異，一定是條件有所不同，所以結果才不同，認清這些差異，才能正確使用公式。

　　下面這是高中常見的計算錯誤，有時學生雖然知道規則，可是計算當時就「沒有想到」。

實例說明（高中對數律單元）

當 $a , b > 0$ 且 $b \neq 1$ 時，

$$\log \frac{a}{b} = \log a - \log b \quad 與 \quad \log_b a = \frac{\log a}{\log b} \quad 不同。$$

$\log a^x = x\log a$ 是對的，但 $(\log a)^x \neq x\log a$。

國中的計算也有類似狀況：

實例說明（國中）

$\sqrt{a}\sqrt{b} = \sqrt{ab}$ 是對的，但 $\sqrt{a}+\sqrt{b} \neq \sqrt{a+b}$；

$2\sqrt{a+b} = \sqrt{4a+4b}$ 是對的，但 $2\sqrt{a\times b} \neq \sqrt{4a\times 4b}$，

應該是 $2\sqrt{a\times b} = \sqrt{4a\times b}$。

以下是連高中生也可能誤用的基本運算：

實例說明（國中、高中）

當 a 為實數時，比較下面三個：

$$(\sqrt{a})^2 = a \quad ; \quad \sqrt{a^2} = |a| \quad ; \quad x^2 = a^2 \Rightarrow x = \pm a$$

這三個都不同吧？放在一起就比較能分辨清楚了。

如果換一種形式，也要想清楚。這式子 $\dfrac{\sqrt{a}}{b} = \sqrt{\dfrac{a}{b^2}}$ 對嗎？真的對嗎？當 $b < 0$ 時就不對了。

有些規則學生雖然知道，但是計算時不經意的就隨手做錯了，這些相似的東西必須刻意去比較，再加上做題目時習慣隨時想理由，才能避免這些錯誤。

3-7　用一個公式去推其他公式

有些本質相近的公式，或關係密切的公式，彼此之間可以簡單的互推，那麼只要記一個最基本或最常用的公式，再利用這個公式去推其他的公式。

實例說明（高中三角單元）

tan的和角公式： $\tan(A+B) = \dfrac{\tan A + \tan B}{1 - \tan A \tan B}$

tan的差角公式： $\tan(A-B) = \dfrac{\tan A - \tan B}{1 + \tan A \tan B}$

tan的二倍角公式： $\tan 2x = \dfrac{2\tan x}{1 - \tan^2 x}$

我記第一個公式，是用「（1減相乘）分之（相加）」。因為這是公式的本質，tan的和角公式原本就是「用 tan A、tan B 來表示 tan $(A+B)$」，所以相乘與相加就是指 tan A、tan B 相乘與相加。這樣記還有一個好處：相乘、相加自然與「根與係數關係」很像，確實有些題目是這樣用的。

第二個公式我沒有直接記，而是照背第一個公式，想著當 B 變成 $-B$，則 tan $(-B)$ 變成 $-\tan B$，就會有：

$$\frac{\tan A + \tan(-B)}{1 - \tan A \tan(-B)} = \frac{\tan A - \tan B}{1 + \tan A \tan B}$$

　　第三個公式我也沒有直接記，而是照背第一個公式，想著 A 與 B 都變成 x，自動將「相乘」變成「平方」、「相加」變成「兩倍」就好了：

$$\frac{\tan x + \tan x}{1 - \tan x \tan x} = \frac{2\tan x}{1 - \tan^2 x}$$

實例說明（國中、高中）

1. 乘法公式：$\alpha^2 + \beta^2 = (\alpha + \beta)^2 - 2\alpha\beta$

$\qquad\qquad\quad \alpha^3 + \beta^3 = (\alpha + \beta)^3 - 3\alpha\beta(\alpha + \beta)$

2. 代換公式：$a > 0$，當 $t = a^x + a^{-x}$

$\qquad\qquad\quad a^{2x} + a^{-2x} = t^2 - 2$

$\qquad\qquad\quad a^{3x} + a^{-3x} = t^3 - 3t$

　　第一組公式，可能你在國中就見過，在根與係數關係的問題中經常用上。

　　先想清楚 $(\alpha + \beta)^2 = \alpha^2 + \beta^2 + 2\alpha\beta$，自然就看到第一個 $\alpha^2 + \beta^2 = (\alpha + \beta)^2 - 2\alpha\beta$；再想 $(\alpha + \beta)^3 = \alpha^3 + 3\alpha^2\beta + 3\alpha\beta^2 + \beta^3 = \alpha^3 + \beta^3 + 3\alpha\beta(\alpha + \beta)$，就看到第二個 $\alpha^3 + \beta^3 = (\alpha + \beta)^3 - 3\alpha\beta(\alpha + \beta)$。

　　第二組公式，是高中指數、對數單元裡重要的代換公式，與第一組公式比較一下：$a^{2x} = (a^x)^2$，$a^{-2x} = (a^{-x})^2$ 而且 $a^x a^{-x} = 1$；所以，$a^{2x} + a^{-2x}$ 與 $a^x + a^{-x}$ 的關係，就相當於 $\alpha^2 + \beta^2$ 與 $\alpha + \beta$ 的關係，所以心中只要想著 $\alpha^2 + \beta^2 = (\alpha + \beta)^2 - 2\alpha\beta$，就可以算出：

$$a^{2x} + a^{-2x} = (a^x + a^{-x})^2 - 2a^x a^{-x} = (a^x + a^{-x})^2 - 2$$

心中想著 $\alpha^3 + \beta^3 = (\alpha + \beta)^3 - 3\alpha\beta(\alpha + \beta)$，就可以算出：

$$a^{3x} + a^{-3x} = (a^x + a^{-x})^3 - 3a^x a^{-x}(a^x + a^{-x})$$
$$= (a^x + a^{-x})^3 - 3(a^x + a^{-x})$$

類似的問題還有很多，例如：若 $\dfrac{x}{2} + \dfrac{3}{x} = 9$，則 $\dfrac{x^2}{4} + \dfrac{9}{x^2} = ?$

看清楚 $\dfrac{x^2}{4} = (\dfrac{x}{2})^2$，$\dfrac{9}{x^2} = (\dfrac{3}{x})^2$，想著 $\alpha^2 + \beta^2 = (\alpha + \beta)^2 - 2\alpha\beta$，就可以得到：

$$\frac{x^2}{4} + \frac{9}{x^2} = (\frac{x}{2} + \frac{3}{x})^2 - 2 \cdot \frac{x}{2} \cdot \frac{3}{x} = 9^2 - 3 = 78$$

　　將基本公式用熟，就能計算很多種問題，而且每次都是用基本公式，公式就更熟而不會忘，這也是「背得少而更好用」的道理。

3-8　　只記公式的關鍵

　　有的公式看起來複雜，但只要記住一個關鍵，其餘就可以自行推導。

實例說明（高中多項式單元）

二次方程式根的正負判斷：

　　　　a, b, c 為實數，$a \neq 0$，則 $ax^2 + bx + c = 0$ 的兩根 α、β

(1) 都是正數 $\Leftrightarrow \alpha + \beta > 0$，$\alpha\beta > 0$，$D \geq 0$

(2) 都是負數 $\Leftrightarrow \alpha + \beta < 0$，$\alpha\beta > 0$，$D \geq 0$

(3) 一正一負 $\Leftrightarrow \alpha\beta < 0$

其中 $\alpha + \beta = -\dfrac{b}{a}$，$\alpha\beta = \dfrac{c}{a}$，$D = b^2 - 4ac$

看起來公式有點複雜，記的時候只要記「二次方程式根的正負判斷」要考慮「根與係數、判別式」。其餘的，都可以在做題時自行判斷：

(1) 若 $\alpha, \beta > 0$，則當然 $\alpha + \beta > 0$，$\alpha\beta > 0$；正數也是實數，所以判別式 $D \geq 0$。

(2) 若 $\alpha, \beta < 0$，則當然 $\alpha + \beta < 0$，$\alpha\beta > 0$；負數也是實數，所以判別式 $D \geq 0$。

(3) 若 α, β 一正一負，則 $\alpha + \beta$ 不一定為正或負；當然會有 $\alpha\beta < 0$；看起來判別式 $D > 0$ 也是條件，但可以省略。當 $\alpha\beta < 0$ 時，$\alpha\beta = \dfrac{c}{a} < 0 \Rightarrow ac < 0$，則 $D = b^2 - 4ac$ 必定為正。萬一忘記了，只是麻煩一點，答案不會錯。

像這樣只記關鍵，其他的當場再推論，不但好記，還能更靈活使用。例如要考慮「兩相異正根」，也可以推出條件應改為 $\alpha + \beta > 0$，$\alpha\beta > 0$，$D > 0$。

3-9　用圖形記公式

用圖形幫助記憶，也常是個好方法。

第一種情形，公式本身就是幾何的公式，當然直接記圖形比較好，例如畢氏定理，大家都會直接記「直角三角形中，斜邊平方對於兩股平方和」，而不是去記「$\angle A = 90°$ 時，$a^2 = b^2 + c^2$」。而且應該配合圖形去記，無論是 $\triangle ABC$ 或 $\triangle PQR$，無論哪一個角是直角，都很好用。

實例說明（高中三角單元）

三角形中線定理：$\triangle ABC$ 中，D 為 $\overline{BC}$ 中點，則

$$\overline{AB}^2 + \overline{AC}^2 = 2(\overline{AD}^2 + \overline{BD}^2)$$

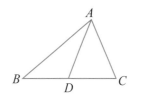

像這樣的公式，當然不該用「唸100遍」的方式來記，看看右邊這個圖，「兩條粗線」看起來是不是比「兩條虛線」長？那麼中線定理就是：

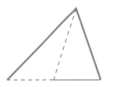

（兩條粗線的平方和）＝ $2 \times$（兩條虛線的平方和）

當然也不要忘記中間那條是中線。這樣記還有附帶的好處：有幾個題目與兩線段的平方和有關，也較容易想到可以利用中線定理。

　　另一種情形，公式本身不是幾何的公式，但我們用幾何圖形或圖像來記，有時會有意想不到的效果。

實例說明（高中三角單元）

tan 的半角公式：$\tan \dfrac{x}{2} = \dfrac{\sin x}{1+\cos x}$

　　這個公式不是幾何的公式，而且也不是常用的，背了又很容易忘記，要推導又花時間。這個公式可以這樣記：

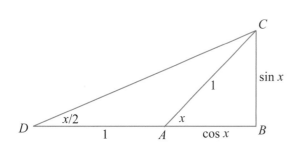

如圖，$\triangle ABC$ 是個斜邊為 1 的直角三角形，
$\angle CAB = x$，$\overline{AB} = \cos x$，$\overline{BC} = \sin x$，
延長 $\overline{BA}$ 到 D，使得 $\overline{AD} = 1$，
因為 $\overline{AD} = \overline{AC} \ \Rightarrow \angle CDA = \angle ACD$，
又 $\angle CDA + \angle ACD = \angle CAB = x$，
則 $\angle CDA = \dfrac{x}{2}$，
這時候 $\tan \dfrac{x}{2} = \dfrac{\overline{BC}}{\overline{DB}} = \dfrac{\sin x}{1+\cos x}$ 。

　　多畫幾次這個圖，這公式就可以很快推導出來。不過要提醒一下，這只是背公式的方法，若要證明，這方法不合適，這個圖只能證明「x 為銳角的情形」，而不是「x 為任意角」。

4
注意等價的關係

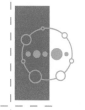

　　用直觀的說法，A 與 B 兩個條件**等價**，意思就是：當條件 A 對的時候，條件 B 也會對，且當條件 B 對的時候，條件 A 也會對。反過來說，當條件 A 錯的時候，條件 B 也會錯；當條件 B 錯的時候，條件 A 也會錯。

　　用數學的語言來說，就是：

　　　　條件 A 與 B 互為充分必要條件（簡稱**充要條件**），寫成 $A \Leftrightarrow B$

如果同學們對這些不是很了解，建議先將附錄中的簡易邏輯看一下，可以更精確地掌握充要條件、充分條件與必要條件。

　　我將等價關係推廣得更多一點。「等價的已知」或「等價的求解」，意思是指只要求得一個，也就一定可以求出別的。

　　對於一個固定的圓，知道它的半徑、直徑、周長或面積，根本是相同的事情；也就是說，只要知道其中任何一個，你就能輕易求出另外幾個。

　　對於一個固定的正方形，你一定也了解，求它的邊長、面積或對角線長也是相同的。

　　上面這兩個例子都很簡單。在高中數學裡，也有很多這樣的關係：

實例說明（國中、高中）

兩圓外切 ⇔ 兩圓心的距離等於兩半徑之和
兩圓內切 ⇔ 兩圓心的距離等於兩半徑之差

　　在題目中看見兩圓外切或內切的條件，幾乎一定是轉換成右半邊的關係式，這也是將條件變成數學的等式。

實例說明（國中、高中）

圓與直線相切 ⇔ 圓心與切線的距離等於半徑
　　　　　　 ⇔ 過切點的半徑垂直切線

　　題目中出現這樣的條件，大家應該不陌生吧？不論是平面幾何或坐標幾何，我們都該想到相應的等價條件。

實例說明（高中多項式單元）

若 $f(x)$ 是一個多項式，

求「$f(a) = ?$」與「$f(x) \div (x - a)$ 的餘式」是等價的。

這其實就是餘式定理，這兩個求解是等價的，無論題目問的是哪一個，都要主動想到另一個，想想看能否從另一個方向來求答案。

實例說明（高中多項式單元）

「$f(a) = 0$」、「$x - a$ 是 $f(x)$ 的因式」、「$f(x) = 0$ 的一根為 $x = a$」
是等價的。

這三個條件都是題目中常見的條件，其實也是三合一的條件，出現任一個條件，都要往三個方向去思考，有時還會組合起來使用。例如：

$$f(x) = 0 \text{與} g(x) = 0 \text{有一個共同根} a$$
$$\Leftrightarrow f(x) \text{與} g(x) \text{有一個公因式} (x - a)$$

「共同根」轉換成「公因式」，就會有很多辦法處理了。

這些等價關係，其實也是學習的一個重點。倘若碰到每一個條件與求解時，都能自然想到相應的其他條件與求解，視野就自然打開了。所謂的思考題，也有很多要靠這點，平常在做題目時就要多注意，而且在解題時要能主動想到。

5

基本的解題策略

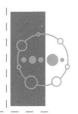

　　所謂「解題策略」，就是當我們面對一個題目時，我們該主動去發現的思考方向，通常是針對題目的已知、求解、題目類型，而找出一些可能有效的解題方法。

　　很多學生雖然記熟了公式，也會做一些題目，可是遇到沒見過的題目，就完全束手無策，等到看了解答，又發現解題所用的東西自己都會，但就是沒有辦法自己找到解題的方向。這種情形往往就是沒有足夠的解題策略，沒有解題策略，就沒有思考解題，就變成「學習題目，然後記題目」，這樣永遠學不好數學，而且數學也變成枯燥無味。

　　心中有解題策略，才能開始用自己的思考去解題，做題目也會變成有趣，做出題目也變得有成就感了。

　　多數學生都有一些簡單的解題策略，但沒有將建立解題策略當成學習的方向，所以是不夠的。而所謂數學程度，最主要的部分就是解題策略。前幾節所提到的學習定義、定理或公式，都是在深入學習，而良好的解題策略，能將那些學到的數學知識靈活運用在解題上。

　　在這一節裡，我先介紹一些基本解題策略，在第8節中，再全面說明解題策略的建立與使用。

5-1　　什麼是解題策略？

用生活中的問題比擬一下，如果我想從新店的家，搭大眾運輸工具去旗津看夕陽，我該如何去呢？我可能先想到高鐵，高鐵可以從台北車站到高雄左營。那我又怎麼去台北車站呢？我家附近有捷運可以到台北車站。

還剩下最後的問題：如何從左營去旗津？

我對高雄並不熟悉，可是我可以將台北的經驗類比到高雄。當我到左營以後，我會去找公車站或客運站，看看有沒有車可以到旗津，萬一沒有，我想一定有車到高雄火車站吧，而且高雄火車站應該也有車可以到旗津。於是我解決了這個問題。

在這問題中，新店是**已知**，旗津是**求解**，**範圍**是大眾運輸系統。我必須知道新店在台北，旗津在高雄，這就是**定義**，高鐵像是**定理**，而捷運和公車就是**公式**。正確的運用我們的常識，大家都可以找到答案。

解題策略又是什麼呢？解題策略有很多：

1. 我知道新店在台灣北部，旗津在台灣南部，我知道短距離可以搭公車，長距離搭高鐵比較快。

2. 高鐵只停大站，新店、旗津都是小地方，只能先由新店找最近的高鐵站（台北），再坐到靠近旗津的高鐵站（高雄），再轉公車到旗津。

3. 我沒坐過高雄的公車，不過我知道台灣各城市的公車系統都差不多。沿著大馬路走就可以找到站牌，站牌上就會寫出公車可以到哪、多久有一班公車。我也知道各城市的火車站通常也是公車轉運站，可以通到附近各地方。

所以，**解題策略就像一些常識、觀念，可以將我們的知識串聯起來。**即使要去沒去過的地方，我們也可以找到方法。而要去做出沒見過或忘記了的數學題目也不難，

了解定義、定理，再加上各種解題策略，自然就能優游於數學世界中了。

解題策略很多，多半都是有道理的概念形式，可以適用於很多不同的題目，也適用於沒見過的題目。因為有道理，也不會弄錯。

由適用的範圍來看，解題策略可能只能適用於一個小範圍，也可能適用於很大的範圍。小範圍的解題策略容易體會，也只能運用在少部分的題目，我們應該學習自己去發現，這在後面單元會深入探討。

至於大範圍的解題策略，常需要很多歷練與思考才能形成，也可能是由很多小範圍解題策略統合而成，一旦建立起來，就能廣泛運用在各式各樣的題目，而且常可以涵蓋許多的小範圍解題策略。

現在我們看看中、小範圍解題策略例子：

1. 看見「L為$\overline{AB}$的中垂線」，馬上想到「L上任一點P會滿足$\overline{PA} = \overline{PB}$」，這是許多國中生知道的小範圍解題策略。

2. 在已知、求解中看見「$\sin\theta + \cos\theta$與$\sin\theta\cos\theta$」，馬上想到「$(\sin\theta + \cos\theta)^2 = 1 + 2\sin\theta\cos\theta$」（高中三角），這是中上程度學生自然會感受到的小範圍解題策略。

3. 在已知、求解中只有「$\sin\theta$與$\cos\theta$」，馬上想到一定會用到「$\sin^2\theta + \cos^2\theta = 1$」（高中三角），這是中範圍解題策略；這個策略包含了前一個策略，範圍較大，適用性也較大，相對的也更難掌握。

4. 看到指數類型的題目，先看「底數是否相同，或者是否可以化成相同底數」（國中、高中指數），這也是中範圍解題策略。

大範圍的解題策略，幾乎在任何數學題目中都可能有用。「假設所求為x，根據條件列出方程式，再求出x」，就是國中應該會運用到的大範圍解題策略。這種策略還有很多，例如：「解聯立方程組時，要設法消去未知數」、「題目中看見分式，就該試試去

約分或通分」，都是常要主動想到的解題策略。

下面介紹幾個大範圍的基本解題策略，這些都能廣泛運用在數學各個不同的單元。這些想法原本在國中時就應該漸漸建立起來，可是現在很多學生，國中時做了很多題目，卻沒有充分思考，也許到高中還沒有這些想法。其實，針對某個小範圍的解題策略，經常源自這些基本策略，只是加入該範圍的特殊用法而已。

只要活用這幾個基本解題策略，再配上定義與基本公式、定理，就可以解出大多數的題目了。

5-2   條件與求解（或求證）的數學化

每個題目都有一些條件、求解，我們要盡可能將那些文字敘述的條件，轉換成數學化的條件，如果能用數學式或等式更好。可以運用的經常是定義或公式，有時只是簡單想法，上一節提到的等價條件也是重要的方向。

化成數學式之後，就更容易使用化簡、運算、代入等等各種手段，也更容易發現題目的解法。例如：

「n 是 7 的倍數」可轉換成：　　　　　「$n = 7k$，k 為整數」

「n 為三位數」可轉換成：　　　　　　「$100 \le n \le 999$」

「直線 L 的斜率為 3」可轉換成：　　　「L 的方程式為 $y = 3x + k$」

「a，b，c 成等差數列」可轉換成：　　「$2b = a + c$」或「設 $b = a + d$，$c = a + 2d$」

「a，b，c 成等比數列」可轉換成：　　「$b^2 = ac$」或「設三數為 a，ar，ar^2」

「兩根相差 2」可轉換成：　　　　　　「兩根為 k，$k + 2$」

「一直線與一圓相切」可轉換成：　　　「圓心與直線的距離等於半徑」

「求一直線的方程式」，可先設直線為

$y = ax + b$，然後轉換成：「求 a 與 b」

「求圓面積」可轉換成：「求 πr^2」（也就是先求半徑 r）

「證明 $ax^2 + bx + c = 0$ 兩根互為倒數」

可轉換成：「證明 $\frac{c}{a} = 1$」

「求兩直線的交點」可轉換成：「求兩直線聯立方程組的解」

有時，一個條件或求解，可以有很多不同的轉換方式，這時就要**考慮到其他的條件和題目的求解，找出比較可能有關聯的轉換**。例如：

條件「P 是 △ABC 的外心」可以轉換成

「$\overline{PA} = \overline{PB} = \overline{PC}$」、

「P 是 $\overline{AB}$、$\overline{BC}$、$\overline{CA}$ 中垂線交點」、

「$\angle APB = 2\angle C$，$\angle BPC = 2\angle A$，$\angle CPA = 2\angle B$」（國中）

條件「$\angle BAC$ 是直角」可以轉換成

「$\angle A = 90°$」、

「畢氏定理 $\overline{BC}^2 = \overline{AB}^2 + \overline{AC}^2$」、

「$\sin A = 1$」、

「$\cos A = 0$」、

「直線 AB、AC 斜率相乘等於 -1」（國中、高中）

又例如已知或求解與「△ABC 的面積」有關，我們馬上就該想到三角形面積的一堆公式。（國中、高中）

當然，考慮到題目裡其他相關的條件，我們就可以選擇最可能的方式來轉換。

5-3　　找尋條件與求解的關係

　　各個已知與求解有什麼關係？最好的關係就是有一部分相同，這樣就可以利用相同的部分代入。如果有條件 $a+b+c=5$，那麼其他部分有沒有 $a+b+c$ 可以代入？或有沒有 $b+c$？那也可以用 $b+c=5-a$ 代入。

　　也該看看有沒有類似的。假如有類似的，就想辦法讓它們更相似，相似到某個程度，就有機會代入了。這種策略在實際解題時經常用到，以下面的例子來說明：

實例說明（高中指數單元）

　　若 $a+b=4$，試求 3^a+3^b 的最小值。

　　$a+b$ 和 3^a+3^b 有點像吧？可是 $a+b$ 是多項式，3^a+3^b 是指數的式子。假如我們將

$$a+b=4 \implies 3^{(a+b)}=3^4 \implies 3^a \cdot 3^b=81$$

現在是不是和 3^a+3^b 更相似、也更容易找到好關係了？

　　換句話說，原題目就可看成「已知 $3^a \cdot 3^b=81$，求 3^a+3^b 的最小值」，也可以看成「已知 $AB=81$，求 $A+B$ 的最小值」，這樣就很容易看出該用算幾不等式。解法如下：

因為 3^a, $3^b > 0$，由算幾不等式：

$$\frac{3^a + 3^b}{2} \geq \sqrt{3^a \times 3^b} \quad \Rightarrow \quad \frac{3^a + 3^b}{2} \geq \sqrt{3^{a+b}} \quad \Rightarrow \quad 3^a + 3^b \geq 2\sqrt{3^4}$$

$$\Rightarrow \quad 3^a + 3^b \geq 18$$

等號成立時，$a = b = 2$，故最小值 18。

類似這樣的例子非常常見，再看一個例子吧。下面這題是常見的標準題，多半學生都是背下做法，其實靠簡單的解題策略就能解決了。

實例說明（高中三角單元）

若 $A + B = 45°$，試求 $(1 + \tan A)(1 + \tan B) = $ ？

$A + B$ 和 $(1 + \tan A)(1 + \tan B)$ 真的不太像，求解中有 tan 而已知裡沒有，能不能讓已知中也出現 tan ？

$$A + B = 45° \Rightarrow \tan (A + B) = \tan 45° \Rightarrow \tan (A + B) = 1$$

現在已知變為 $\tan (A + B) = 1$，求解裡的是 $\tan A$ 和 $\tan B$，好像有個公式就是把它們連結在一起的吧？沒錯，就是 tan 的和角公式：

$$\text{已知} \tan (A + B) = 1 \Rightarrow \frac{\tan A + \tan B}{1 - \tan A \tan B} = 1$$

$$\Rightarrow \quad \tan A + \tan B = 1 - \tan A \tan B$$

現在，已知與求解 $(1 + \tan A)(1 + \tan B)$ 是不是很像了呢？

$$求解 (1 + \tan A)(1 + \tan B) = 1 + \tan A + \tan B + \tan A \tan B$$
$$（將 \tan A + \tan B = 1 - \tan A \tan B 代入）$$
$$= 1 + (1 - \tan A \tan B) + \tan A \tan B = 2$$

　　找尋已知和求解之間的關係，並利用此關係。如果關係不明確，想辦法讓它們的關係更明確。這方法簡單又實用。重點是，自己能解出，就不會忘記該怎麼做！

5-4　化簡的方向

　　無論是條件或是求解的數學式，基本上隨時都要化簡，多半情況下，式子當然越短越簡單，所以能互相消掉的優先消去。可是，還有其他該注意的事項：

1. **一般代數式以多項式最簡單，次數越低越好。**如果方程式或不等式含有分式、根號，試著化成多項式；其他的代數式，如果可以經過代換化為多項式，也應優先考慮。

2. 一般分式的化簡就是約分、通分。在大多數情況，分式以單一分式最簡單，所以遇見分式時，就先看能不能約分，再看是否適合通分。

3. **看著求解來做化簡。**條件式化簡的目標是求解式，越像求解，就是越簡單。優先考慮變數，若條件式裡有 a, b, c，而求解式裡有 a, b, d，就先考慮如何消去 c 與引入 d。接下來再考慮格式，就像前面 5-3 小節的實例，雖然已知為多項式的格式比較簡單，但看著求解式，將已知化為較複雜的指數或三角的式子，反而更容易使用。

4. **遇到計算麻煩的式子，可以先擱著**。譬如說，計算過程中如果出現 $x^2 + 57x + 56^2 + 59^2$ 這種式子，可以先不要算出 $56^2 + 59^2$，也許後面會自動消去，也許後來根本沒用，萬一最後真的要用，最後再算也不吃虧。還有一種狀況是，複雜的計算先利用假設跳過，後來再回頭算，這是較難的技巧，下面的實例有用到。

5. 通常式子的格式比長短更重要，下面的實例就可看到。

實例說明（高中對數單元）

若方程式 $\log \dfrac{x}{2} \log \dfrac{x}{3} = 2$ 的兩根為 α，β，則 $\alpha\beta = ?$

題目要求的是兩根乘積，當然我們可以試著解方程式。不過，求解不是「兩根」而是「兩根乘積」，所以也該想到「根與係數關係」。可是，目前的已知是對數方程式，還無法用「根與係數關係」，只好先試著解方程式。這個對數方程式應該先用代換來化簡。

$$\text{設 } t = \log x，\log \dfrac{x}{2} \log \dfrac{x}{3} = 2 \Rightarrow (t - \log 2)(t - \log 3) = 2$$

$$\Rightarrow t^2 - (\log 2 + \log 3)t + (\log 2 \log 3 - 2) = 0$$

比較一下，$t^2 - (\log 2 + \log 3)t + (\log 2 \log 3 - 2) = 0$ 是不是比 $\log \dfrac{x}{2} \log \dfrac{x}{3} = 2$ 更簡單？是的，二次方程式當然比指數方程式簡單多了。二次方程式可以用公式解，但顯然太麻煩了，那麼就可先跳過這一步。

設 $t^2 - (\log 2 + \log 3)t + (\log 2 \log 3 - 2) = 0$ 的兩根為 $t = p$, q，則 $t = \log x = p$, q，因為原方程式中 x 的兩根為 α , β，故 t 的兩根為 $\log \alpha$, $\log \beta$。

由根與係數關係可知，

兩根之和 $\log \alpha + \log \beta = \log 2 + \log 3$

$\Rightarrow \log \alpha\beta = \log 6 \Rightarrow \alpha\beta = 6$

理論上，先算出 t 的兩根 p , q 再算出 α , β，然後再求 $\alpha\beta$，也是可以的，可是計算太複雜。如果先跳過，後來就會發現我們其實不用算出 p , q。

5-5　　先假設未知數，再列方程式解之

多半國中生都認得這個策略：「將題目所求設為 x，再列出 x 的方程式並解出 x」，國中初學解方程式時，就是這樣做題目的吧。到高中就變得複雜一點，很多求解可以變成一個或多個未知數，很多已知在化成數學式時，也需要假設未知數，然而解題的結構還是不變的；高中的方程組較複雜，但想法是一樣的。

很多求解並不是單純的數字，可是我們可以將求解變成求幾個數字，國中時可能就有這樣的體會吧。看到「求平面上的直線方程式」，可以假設直線方程式為 $y = ax + b$，然後就變成求 a , b 了；有關等差數列的題目，大都可以假設首項 a 與公差 d，先解出 a , d，再去求題目的求解，這就變成解聯立方程組。

國中時有學解二元一次聯立方程組，可是上高中以後，題目裡就需要解各種方程組。雖然課程中完全沒提到，可是高中老師會覺得學生都應該會。國中剛畢業或高一的同學，必須立刻加強解方程組的能力，所以我在這裡，也要補充解聯立方程組的觀念與方法。

　　一般情況下，一個方程式可以解出一個未知數，兩個方程式可以解出兩個未知數，以此類推。**方程式的個數，應該要與未知數的個數相同，才能解出所有的未知數。**所以，當我們假設了未知數後，就要想辦法將題目裡的各個條件，轉換成方程式，如果方程式的個數還不夠，就繼續從條件中找，特別是那些還沒使用到的條件，往往就是關鍵。等到有足夠多的方程式，再專心解方程組。

　　解聯立方程組時，要馬上想到「消去一個未知數」。國中時解方程組，方式是加減消去法、代入消去法，應付高中中的方程組，主要就是再由此推廣。

　　先將加減消去法擴充一下，變成「加減乘除消去法」，也就是可以將兩方程式相加、減、乘、除，甚至平方再相減、倒數再相加或其他的合理辦法去做計算，只要能「消去未知數」就好。

例如：
$$\begin{cases} xy + 2x = 10 \cdots\cdots ① \\ 2xy - 3x = 6 \cdots\cdots ② \end{cases}$$

兩式中各有一個 y 與兩個 x，所以消去 y 比較簡單：

①式 $\times 2 -$ ②式消去 y 得：$7x = 14$

$\Rightarrow x = 2$

代回①式得：$2y + 4 = 10 \Rightarrow y = 3$

例如：
$$\begin{cases} \sqrt{x} + y = 5 \\ x - y^2 + 3y = 4 \end{cases} \Rightarrow \begin{cases} \sqrt{x} = -y + 5 \cdots\cdots ① \\ x = y^2 - 3y + 4 \cdots\cdots ② \end{cases}$$

①式平方 $\div$ ②式消去 x 得：$1 = \dfrac{(-y+5)^2}{y^2 - 3y + 4}$

$\Rightarrow y^2 - 3y + 4 = y^2 - 10y + 25 \Rightarrow y = 3$

代回②式得：$x = 9 - 9 + 4 = 4$

　　至於代入消去法，只要能從一個方程式解出某個未知數，就可以代入其他方程式消去該未知數。

例如：$\begin{cases} x + 2y = 3 \cdots\cdots ① \\ x^2 + y^2 + y = 25 \cdots\cdots ② \end{cases}$

由①式解出 x，

$x + 2y = 3 \Rightarrow x = 3 - 2y$

代入②式可以消去 x 得 $(3 - 2y)^2 + y^2 + y = 25$

$\Rightarrow 5y^2 - 11y - 16 = 0 \Rightarrow (y + 1)(5y - 16) = 0$

$\Rightarrow y = -1$ 或 $\dfrac{16}{5}$，代回①式得 $x = 5$ 或 $-\dfrac{17}{5}$

例如：$\begin{cases} \dfrac{4}{x} + \dfrac{3}{y} = 1 \cdots\cdots ① \\ xy + 2x - 3y = 4 \cdots\cdots ② \end{cases}$

由②式，

$xy + 2x - 3y = 4 \Rightarrow x = \dfrac{3y + 4}{y + 2}$

代入①式消去 x 得 $\dfrac{4(y + 2)}{3y + 4} + \dfrac{3}{y} = 1 \Rightarrow \dfrac{4y^2 + 17y + 12}{y(3y + 4)} = 1$

$\Rightarrow y^2 + 13y + 12 = 0 \Rightarrow (y + 1)(y + 12) = 0$

$\Rightarrow y = -1$ 或 -12，代回①式得 $x = 1$ 或 $\dfrac{16}{5}$

　　一般在題目中的解方程組，這樣的方法就夠用，靈活利用這兩個方式，就可以解出大多數的方程組。如果是單獨的解方程組題目，那可能還需學一些更特殊的解法。

　　看看下面這個例子，其實國中生也可以解出來的。

實例說明（高中數列、級數單元）

設數列 $<a_n>$ 是個等差數列，$<b_n>$ 是個等比數列，若已知 $a_1 + b_1 = 6$，
$a_2 + b_2 = 1$，$a_3 + b_3 = 5$，$a_4 + b_4 = -9$，試求：$a_5 + b_5 = ?$

看見等差數列，自然想到首項與公差，看見等比數列，自然想到首項與公比。把這些首項、公差、公比做成假設，就會有四個未知數，而題目明顯又有四個條件，足夠解四個未知數，所以我們可以放心做下去。

設 $<a_n>$ 首項為 a，公差為 d，$<b_n>$ 首項為 x，公比為 y

則 $\begin{cases} a_1 + b_1 = 6 \\ a_2 + b_2 = 1 \\ a_3 + b_3 = 5 \\ a_4 + b_4 = -9 \end{cases}$ $\Rightarrow$ $\begin{cases} a + x = 6 \cdots\cdots ① \\ a + d + xy = 1 \cdots\cdots ② \\ a + 2d + xy^2 = 5 \cdots\cdots ③ \\ a + 3d + xy^3 = -9 \cdots\cdots ④ \end{cases}$

（消去 a 最簡單，②-①，③-②，④-③）

$\Rightarrow \begin{cases} d + xy - x = -5 \cdots\cdots ⑤ \\ d + xy^2 - xy = 4 \cdots\cdots ⑥ \\ d + xy^3 - xy^2 = -14 \cdots\cdots ⑦ \end{cases}$

（消去 d 最簡單，⑥-⑤，⑦-⑥）

$\Rightarrow \begin{cases} xy^2 - 2xy + x = 9 \\ xy^3 - 2xy^2 + xy = -18 \end{cases}$ $\Rightarrow \begin{cases} x(y^2 - 2y + 1) = 9 \cdots\cdots ⑧ \\ x(y^3 - 2y^2 + y) = -18 \cdots\cdots ⑨ \end{cases}$

（⑨÷⑧，消去 x）

$$\Rightarrow \frac{x(y^3 - 2y^2 + y)}{x(y^2 - 2y + 1)} = \frac{-18}{9} \Rightarrow \frac{y^3 - 2y^2 + y}{y^2 - 2y + 1} = -2 \Rightarrow y = -2$$

代回得 $x = 1$，$a = 5$，$d = -2$

所以 $a_5 + b_5 = a + 4d + xy^4 = 5 - 8 + 16 = 13$

關於解方程組再補充說明一下：

1. 當兩式相乘除時，要注意任一式為0的情況。

2. 若一方程式兩邊平方，則答案要驗算。

也有幾種情況下，方程式的個數真的少於未知數的個數，這時就要仔細看看相關的條件和求解，是否為下列三種情況之一：

一、**求方程式的整數解**；例如：

實例說明（高中整數單元）

若 x、y 為正整數且滿足 $xy - 3x - 2y = 5$，試求 x、y。

$$xy - 3x - 2y = 5 \implies x(y-3) - 2y = 5$$
$$\implies x(y-3) - 2(y-3) = 11 \implies (x-2)(y-3) = 11$$
$$\implies \begin{cases} x-2=1 \\ y-3=11 \end{cases} \text{ 或 } \begin{cases} x-2=11 \\ y-3=1 \end{cases}$$

整數解的方程式有獨特的解法，應另外學習。

二、**並不需要解出所有未知數**，有時題目的求解式可以直接求出，而不需要、也無法解出每一個變數，這時就要觀察條件式與求解式的關係，以便直接代入。

實例說明（國中、高中數列單元）

設數列 $<a_n>$ 是個等差數列，若 $<a_n>$ 前 20 項的總和與前 36 項的總和相同，試求 $<a_n>$ 前 56 項的總和。

看到等差數列，就可以設 $<a_n>$ 的首項為 a，公差為 d，而「前 20 項的總和與前 36 項的總和相同」，就變成

$$\frac{20}{2}(2a + 19d) = \frac{36}{2}(2a + 35d)$$

只有一個方程式，因此無法解出 a、d，但題目不是求 a、d，而是求「前 56 項的總和」。所以，先化簡方程式，再考慮能不能直接代入求解式：

$$\frac{20}{2}(2a+19d)=\frac{36}{2}(2a+35d)$$

$$\Rightarrow\ 20a+190d=36a+630d \Rightarrow 2a+55d=0$$

求解「前56項的總和」，即為求 $\frac{56}{2}(2a+55d)=28(2a+55d)$，將剛才算出的條件 $2a+55d=0$ 代入，即得前56項的總和為0。

像這樣的題目，多半都是設計好的數據，因此剛好可以解出。

三、**利用範圍來解方程式**。如果不是求整數解，而又真的必須求出每一個未知數，就要考慮範圍了。

國中也會見到這樣的問題：若 $(x-3)^2+(y+5)^2=0$，則 $x = $ ？ $y = $ ？這個問題大家都會：

$$(x-3)^2+(y+5)^2=0 \Rightarrow x-3=y+5=0 \Rightarrow x=3，y=-5$$

看起來這個做法天經地義，再自然不過了。我們再深入想一下理由：

因為 $(x-3)^2\geq0$，$(y+5)^2\geq0$，又 $(x-3)^2+(y+5)^2=0$，因此不可能是 $(x-3)^2>0$ 或 $(y+5)^2>0$，否則 $(x-3)^2+(y+5)^2>0$，只可能是 $(x-3)^2=(y+5)^2=0$。

所以，這個題目真正利用到的是「範圍」。

高中也有這樣的題目：

實例說明（高中三角單元）

若實數 x、y 滿足 $\cos y = x^2 + 2x + 2$，則 $x = $ ？ $\sin y = $ ？

這個題目有一個方程式，卻要解兩個未知數，而且不符合前兩種情形。考慮一下範圍；左邊是三角函數，右邊是二次式，都有範圍：

$\cos y \leq 1$，$x^2 + 2x + 2 = (x + 1)^2 + 1 \geq 1$

（左邊）≤ 1 且（右邊）≥ 1，所以（左邊）＝（右邊）＝ 1

即 $\cos y = x^2 + 2x + 2 = 1$（這樣就變成兩個方程式解兩個未知數！）

$\Rightarrow \cos y = 1$，$\sin y = 0$，$x = -1$

5-6　條件式可以用來消去變數

通常一個題目中的未知數越少，問題也就越單純。在沒有適切方向時，將條件式代入其他部分，以便消去一個未知數，常常很有用。特別是一次式的條件，更該試試看代入消去，這道理與解方程組是一樣的。試試下面的例子：

實例說明（國中、高中）

設 x , y 為實數且滿足 $x + 2y = 3$ ，試求 $x^2 - 2y^2 + 4y$ 的最小值。

條件式 $x + 2y = 3$ 可以代入消去一個未知數試試看：

$$x + 2y = 3 \implies x = 3 - 2y$$

代入 $x^2 - 2y^2 + 4y$ 得

$$x^2 - 2y^2 + 4y = (3 - 2y)^2 - 2y^2 + 4y = 2y^2 - 8y + 9$$
$$= 2(y - 2)^2 + 1 \geq 1$$

當 $y = 2$ 時，最小值為 1 。

下面這個例子在 5-3 看過，現在換一個策略來想：

實例說明（高中三角單元）

若 $A + B = 45°$ ，試求 $(1 + \tan A)(1 + \tan B) = $?

已知與求解之間好像沒什麼好關係，不過已知是個簡單的一次式，可以代入消去一個未知數試試看：

$$A + B = 45° \implies B = 45° - A$$

代入求解式：

$$(1 + \tan A)(1 + \tan B) = (1 + \tan A)[1 + \tan(45° - A)]$$

$$= (1 + \tan A)[1 + \frac{\tan 45° - \tan A}{1 + \tan 45° \tan A}]$$

$$= (1 + \tan A)[1 + \frac{1 - \tan A}{1 + \tan A}] = (1 + \tan A)[\frac{2}{1 + \tan A}] = 2$$

面對一個題目，可以有很多種解題策略，不同的解題策略，會導引出不同的解法。越複雜的題目，通常也有越多的解法，當然，某個解題策略也許會無效，那麼就試試其他策略。思路一旦順暢，就不會拘泥於特定的方法。（5-3處有此題另一策略的解法。）

5-7　題目屬於哪個範疇？有什麼公式可用？

有時候已知與求解之間找不出直接的關係，這時該想一想：這個題目是屬於哪一個單元？這單元裡有哪些定理或公式？有哪些常用的方法？再想一想：這些定理是否有用？

遇到三角形的邊角問題，自然可以想到正弦定理、餘弦定理。

遇到求極值問題，自然想到配方法、算幾不等式、柯西不等式。

遇到求餘式問題，自然想到餘式定理、除法原理。

下面這個例子是個標準題：

說明範例（高中整數單元）

m, n皆為大於1的正整數，而且滿足$m \mid 5n + 9$，$m \mid 4n + 5$，則$m = $？

看見條件$m \mid 5n + 9$和$m \mid 4n + 5$，就應當發現m是$5n + 9$與$4n + 5$的公因數，因此該想到公因數的性質：

「若$c \mid a$，$c \mid b$，則對於任意整數x, y，$c \mid ax + by$恆成立」

這性質怎麼用呢？

可以得到：

$m \mid 5n + 9$，$m \mid 4n + 5 \Rightarrow m \mid x(5n + 9) + y(4n + 5)$

性質中的x, y是任意整數，那麼選擇怎樣的x, y可讓式子更簡單？將沒用的n消去吧，也就是取$x = 4$，$y = -5$，得到

$m \mid 4(5n + 9) - 5(4n + 5) \Rightarrow m \mid 11$

又$m > 1$，所以$m = 11$。

對於學過的定理，你一定要很熟悉它的用法，才能在需要的時候想到它。有些同學只是背了公式，沒有深入想清楚用法，所以需要時用不出來。

每個高中生都很熟悉這兩個公式：

$$x^3 + y^3 = (x + y)(x^2 - xy + y^2)$$
$$x^3 + y^3 = (x + y)^3 - 3xy(x + y)$$

但是在題目中看到「$(\log_6 2)^3 + (\log_6 3)^3$」時，只有少數學生會馬上想到上面的公式。

面對題目而沒有頭緒時，更該想想：有什麼公式與題目有關聯？然後試著套入，看看有什麼結果。前面幾節要求大家對定義、公式、定理做深入的理解，也就是希望在需要它們時，能夠主動想到。

5-8　可否代換成簡單的型態？

代換並不能直接解決問題，而是簡化複雜的式子，讓我們更容易發現解題方向。通常我們看到複雜的式子，只會感到頭皮發麻，不知如何處理，這時就該檢視式子的各個部分，看看彼此有沒有什麼好的關係，這些關係就是代換的方向。

說明範例（國中、高中）

解方程式：$\dfrac{3x + 6}{x^2 - x + 3} + \dfrac{x^2 - x + 3}{x + 2} = 4$

若將原方程式通分，會得到四次方程式，那就不好玩了。觀察一下，$\dfrac{3x + 6}{x^2 - x + 3}$ 與 $\dfrac{x^2 - x + 3}{x + 2}$ 之間有什麼好的關係？

$\dfrac{3x+6}{x^2-x+3}$ 是 $\dfrac{x^2-x+3}{x+2}$ 的倒數再 3 倍，這點可以試著利用一番：

設 $t = \dfrac{x^2-x+3}{x+2}$ ，則 $\dfrac{3x+6}{x^2-x+3} = \dfrac{3}{t}$ ，

原方程式就變成：

$$\dfrac{3}{t} + t = 4 \ \Rightarrow\ 3 + t^2 = 4t \ \Rightarrow\ t = 1 , 3$$

當 $\dfrac{x^2-x+3}{x+2} = 1 \ \Rightarrow\ x^2-x+3 = x+2 \ \Rightarrow\ x = 1$

當 $\dfrac{x^2-x+3}{x+2} = 3 \ \Rightarrow\ x^2-x+3 = 3x+6 \ \Rightarrow\ x = 2 \pm \sqrt{7}$

所以 $x = 1 , 2 \pm \sqrt{7}$

再看一個例子，是個常見的標準題：

說明範例（高中三角單元）

若 $\sin\theta + 2\cos\theta = 1$ ，則 $\cos\theta = $ ？

看完題目，自然就要想到 $\sin^2\theta + \cos^2\theta = 1$。把它和已知 $\sin\theta + 2\cos\theta = 1$ 放在一起，又會想到什麼？

將 $\sin\theta$ 看成 x，$\cos\theta$ 看成 y，就變成 $\begin{cases} x + 2y = 1 \\ x^2 + y^2 = 1 \end{cases}$。接下來，可用代入消去法解方程組，解法如下：

$\sin\theta + 2\cos\theta = 1 \Rightarrow \sin\theta = 1 - 2\cos\theta$

代入 $\sin^2\theta + \cos^2\theta = 1$ 可消去 $\sin\theta$

得 $(1 - 2\cos\theta)^2 + \cos^2\theta = 1 \Rightarrow 5\cos^2\theta - 4\cos\theta = 0$

$\Rightarrow \cos\theta(5\cos\theta - 4) = 0 \Rightarrow \cos\theta = 0 \text{ 或 } \dfrac{4}{5}$

說明範例（高中對數單元）

試化簡 $\log_3 15 \ \log_5 15 - \log_3 5 - \log_5 3 = $ ？

這是對數求值的問題。對數化簡有三個主要的方向：對數律、代換、換相同底。對數律好像用不進去，可是仔細看看，是否適合代換呢？式子裡有 $\log_3 15$、$\log_5 15$、$\log_3 5$、$\log_5 3$ 四個，它們之間有何關係？能不能找到好的關係來代換？

$\log_3 5$ 與 $\log_5 3$ 互為倒數，是好的關係，那 $\log_3 15$、$\log_5 15$ 呢？ $\log_3 15 = \log_3 5 + 1$，$\log_5 15 = \log_5 3 + 1$，這也是很好的關係。如何利用這些關係來寫出假設呢？

設 $t = \log_3 5$，則 $\log_5 3 = \dfrac{1}{t}$，

於是 $\log_3 15 = \log_3 5 + 1 = t + 1$，且 $\log_5 15 = \log_5 3 + 1 = \dfrac{1}{t} + 1$

則 $\log_3 15 \ \log_5 15 - \log_3 5 - \log_5 3$

$= (t+1)(\dfrac{1}{t}+1) - t - \dfrac{1}{t} = (1 + \dfrac{1}{t} + t + 1) - t - \dfrac{1}{t} = 2$

發現題目各部分之間的更簡單的關係，就能經由代換，將題目變成更簡單的形式，這樣比較容易發現問題的核心，找到題目的解法。

5-9　運用解題策略

只用解題策略與定義，也能夠解出很多題目。下面這個例子用的都是國中的知識，可是高中生多半也解不出來。各位可以先看完題目想一想，能解出來，表示數學程度很好，解不出再看解答，但也要想一想，自己還缺少了哪些想法。

實例說明（國中、高中）

若一個三位數的百位數為 a，十位數為 b，個位數為 c，則將這個數記為 (abc)，試證明：若 (abc) 是 27 的倍數，則 (bca) 也是 27 的倍數。

1. 題目中的 (abc) 不是真正的數學式，應該改為數學表示法：

   $(abc) = 100a + 10b + c$。

2. 條件「$100a + 10b + c$ 是 27 的倍數」，可以利用定義轉換成：

   「$100a + 10b + c = 27n$，n 為正整數」。

3. 要證明的東西，可以想成：$100b + 10c + a = 27 \times$（一個整數）。

4. 問題就變成：利用 $100a + 10b + c = 27n$，來將 $100b + 10c + a$ 化成 27 乘以一個整數。

5. $100b + 10c + a$ 沒有什麼好方法來化簡。

6. $100a + 10b + c = 27n$ 可以如何利用呢？可以代入消去一個未知數嗎？

7. 若要消去 a，則 $a = \dfrac{27n - 10b - c}{100}$，代入 $100b + 10c + a$，會出現分式，所以不太好；若要消去 b，則利用 $10b = 27n - 100a - c$，可得

$$100b + 10c + a = 10 \times 10b + 10c + a$$
$$= 10(27n - 100a - c) + 10c + a = 270n - 999a$$

這就簡單得多了。

8. 回到題目的求證，那麼 $270n - 999a$ 會是 27 的倍數嗎？

$270n - 999a = 27(10n - 37a)$，確實是 27 的倍數。

9. 所以我們找到一種解法了（還有其他解法）：

(abc) 是 27 的倍數，可設 $100a + 10b + c = 27n$

$\Rightarrow \ 10b = 27n - 100a - c$，其中 n 為正整數。

則 (bca) 是 $100b + 10c + a = 10 \times 10b + 10c + a$

$= 10(27n - 100a - c) + 10c + a$

$= 270n - 999a = 27(10n - 37a)$

因為 n、a 都是正整數，所以 $10n - 37a$ 是整數，

故 (bca) 也是 27 的倍數。

如果你原先沒做出來，看了解答後，會不會覺得其實解法平淡無奇？真的，只要領會了這一節所講的策略並能應用，你的數學能力就能大大增強。

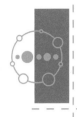

6
熟練基本運算——百分之百的理解

在學習數學的過程中，練習題目當然是重要的環節之一，不同種類的題目，有不同的學習方法與目的。還記得我將題目分成三類吧，那就是：基本運算、標準題和思考題。在學習過新的定義或簡單公式後，馬上老師就會教基本運算，也就是那些只有一兩個步驟、原理很單純的題目，這類題目經常是標準題和思考題的其中一個步驟。

雖然很簡單，學習時也要小心。初學時一定將原因看清楚，做個三、四題之後，大概就能順暢多了，而且要記住：**每次運算時都要想一遍原理**，這點很重要，千萬不要覺得簡單，就把它背下來，因為以後碰到標準題或思考題，還會常用到這些原理，偶爾生疏了，就要再想一遍原理。

等到熟練以後，可能就不必再想原理，但你隨時都可以重新想清楚，就像是我們計算 $12 \times 7 = 84$，在計算時只想到運算規則，但如果需要，我們可以隨時說出乘法的意義和原理。

換個方式來說，**基本運算要漸漸內化成「自動化」的動作**。心理學家猜想人的頭腦有一種「自動化」的能力，就是將一連串的動作，經過重複練習以後，變成一個模組，而能夠一次執行一整個模組，而不必考慮細節。

這是很有趣的道理，也是學習所必經的發展。請想一想，今天早上起床穿衣服時，你是先穿左手還是右手？你記得嗎？因為「穿衣服」這個動作我們早就自動化了，所以只要「想」著「穿衣服」，其他的動作就好像會自動完成。甚至我們只要「想」著「起

床」，我們就會自動下床、換衣服、刷牙、洗臉、……。在做這些事的同時，我們的頭腦可能想著今天有什麼重要的事情，或是昨天背的英文單字，而不需要去想「我該用右手拿牙刷、左手擠牙膏」這些早已自動化的動作。

這種例子在生活中太普遍了。我寫字時只需想著「數學」，就會自動寫出來數學兩個字，不需要想它的筆畫；我走路時只需想著停下來，腳就會自動停止而且保持平衡。這種自動化的能力，使我們能夠不斷學習更多更複雜的事物。學習數學也是一樣的道理，**簡單的基本運算自動化之後，我們才有能力去學習高深的部分。**

在還沒有自動化之前，每次使用時一定要想原理。原理可能是定義，也可以是證明或一個合理的解釋（例如從圖形上可以清楚看見的或是明顯的實際例子），如果能多想幾個原理更好，因為這樣會加速自動化。自動化一旦完成，也許使用時就不需再想原理，即使偶爾想一次，也能立刻很順暢地想出來。

在這個階段最忌諱用背的，也就是套用一個簡單的公式，或是記下一個簡單的步驟去算出題目，而不再想原理，這樣雖然能很快熟練，但也隱藏著重大危機，因為久了以後，原理會逐漸變模糊，也不容易類推，這樣一來，碰到類似的題目，就會混淆而做錯。程度中等以上的同學，大致沒問題，成績比較不理想的同學，通常在這兒就出問題了，而且往往是從國中就埋下了錯誤的種子，只想著「我會做就好」，而不願多花頭腦。

說明範例（國中程度）

一個非常簡單的例子：$\sqrt{2}\sqrt{3} = ?$

解法也很簡單：$\sqrt{2}\sqrt{3} = \sqrt{2 \times 3} = \sqrt{6}$

這是公式「當 a , $b \geq 0$ 時，$\sqrt{a}\sqrt{b} = \sqrt{ab}$」的直接使用。可是為什麼會這樣？原理很簡單：

因為 $\sqrt{2}\sqrt{3}$ 的平方 $(\sqrt{2}\sqrt{3})^2 = (\sqrt{2})^2(\sqrt{3})^2 = 2 \times 3 = 6$，
而且 $\sqrt{2}\sqrt{3} > 0$，所謂 $\sqrt{6}$ 就是「平方後會等於 6 的正數」，
所以 $\sqrt{2}\sqrt{3} = \sqrt{6}$。

可是有些學生不去想原理，只是背下來，甚至自作聰明認為這個公式這麼簡單，記住它的格式「乘的時候就照樣乘」，不就好了？如果這樣記數學，那麼將來會把 $\sqrt{2} + \sqrt{3}$ 誤算為 $\sqrt{2+3} = \sqrt{5}$，就一點也不奇怪了。真的曾有高中生問我：「為什麼 $\sqrt{2} + \sqrt{3}$ 不等於 $\sqrt{2+3}$？」還有人告訴我，甚至有高中生會算出 $\frac{1}{2} + \frac{1}{3} = \frac{2}{5}$ 這樣離譜的錯誤，這意味著從國小階段學習就出問題了。

說明範例（高中多項式單元）

餘式定理基本運算：多項式 $f(x) = x^{10} + 2$ 除以 $x - 1$ 的餘式為何？
由餘式定理，$f(x)$ 除以 $x - 1$ 的餘式為 $f(1) = 1^{10} + 2 = 3$。

餘式定理是：「多項式 $f(x)$ 除以 $x - a$ 的餘式為 $f(a)$」，這很容易記得，可是如果遇到一個新問題：

多項式 $f(x + 2)\, g(x - 1)$ 除以 $x - 1$ 的餘式為何？

只要記得餘式定理的原理，就可以重新推演一次：

設$f(x+2)\,g(x-1)=(x-1)\,Q(x)+r$，

將恆等式兩邊以$x=1$代入，可得

$f(1+2)\,g(1-1)=(1-1)\,Q(1)+r$

$\Rightarrow\ r=f(3)\,g(0)$，所以餘式為$f(3)\,g(0)$

　　不會很難類推吧？你甚至會發現：不管被除式長相為何，除以$(x-1)$的餘式都是將被除式以$x=1$代入即可。

　　對於基本運算，初學的時候「記起來」一定比「想清楚」來得輕鬆又快速，可是長久以後，效果就有天壤之別了。一般中等程度的學生這方面都還好，在高中階段有一段要特別注意，那就是指數對數單元裡的對數律。成績比較不理想的同學，可以從頭做起，**強迫自己在每個基本運算裡，把運算的細節想清楚、想透徹，把以前該想的現在補起來**，一段時間後，就會有全新的感覺了。

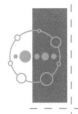

7
理解標準題——提升理解的層次

　　當老師講解了一個較難的題目後，常常會問學生：「懂了沒有？」有些學生面無表情不置可否，其實他們可能完全不知道自己懂不懂，或是根本不知道什麼叫做「懂」。

　　其實「懂」也有深淺不同。我自己有時在考慮一個常見的題目時，突然發現一個新觀點或新的解釋，再進一步深思，就會感覺我對這一個題目有了更多層次的理解，於是「懂」又深入了一點。懂或不懂，不是界限清楚的兩種情況，我們應該要不斷地追求更深入的理解。

　　我們如何能讓自己懂得更深入呢？從學習標準題開始，就要讓自己深入理解。標準題就是那些在課本與各種參考書裡都會出現的例題，比基本運算要難一點，運算過程較長，而且會有一些變化。

　　我把學生對於標準題的理解，大致分成四個層次，簡單來說，就是了解到：

　　一、這個題目怎麼做？

　　二、為什麼這樣做是對的？

　　三、為什麼會想到要這樣做？

　　四、這一類的問題該怎麼做？

　　學完一個標準題，馬上問自己，我理解到哪一層？與其重複演練，不如再想一想，讓自己的理解再深入一點。

7-1 這個題目怎麼做？

第一層的理解就是看清楚三樣東西：題目的條件、求解（或求證）、解題的過程。其實當學生對標準題了解到第一層，根本還沒有開始理解，只是認清題目，並且「看到」題目怎樣解。

有的學生就只想記下做法，下次看到這題就依樣畫葫蘆，而不願再深入思考。但數學題目本來就經常非常類似卻又不同，這樣記當然學不好。不幸的是，很多參考書在標準題的例題後，往往就接著一題所謂的「類似題」，就是一模一樣而毫無變化的題目，只改數字而已。這實在很糟糕！有的學生看完例題後，就照著例題的詳解，把類似題再做一遍，然後得意地覺得自己已經會了這一題，也不再深思了。

對於那些基本運算，可以這樣編寫，但對於標準題，我很遺憾參考書也常常這樣編寫。這樣會鼓勵學生去模仿，給了學生虛假的成就感，卻也誤導了學生的學習方式。

順便提醒讀者，做這種類似題時，**不要參考原例題的解法，而是直接由題目去想該怎麼做**，如果這樣做不出來，就表示自己還沒有真的會做，那就該重新再研究一下原例題的解法。

小雯是以前我班上的學生，人非常乖巧，各科成績都很好，只有數學差。有時她私下告訴我，在數學這科目花最多時間，卻好像永遠學不好。她的說法讓人心疼，我知道她的問題，也一再提醒她，可是她始終無法改變學習習慣。

她常常很認真地拿題目問我，我也仔細講解每一步，可是等到我解出答案後，她就覺得好像已經聽完了，只急著想離開或再問另一題，她的理解通常只達到第一層。每當我繼續深入講解，她就顯出焦急的神色，彷彿在說：「告訴我怎麼解就好了，不必說那麼多，我還急著要看其他功課。」當然，後面的解釋她也都聽不進去了。在她心中所謂的「會算」，其實是「看過了，我會記下來」，如果是這種心態，理解層次自然無法提升，也就陷入「記，忘，再記，再忘」的輪迴中。

　　其實小雯還不是最糟的。有時學生問我問題，我在解了一半時突然反問：「這題求的是什麼？」有時學生還真的答不出來。題目沒弄清楚，卻急著想知道怎麼做，這樣一定學不好的。

7-2　為什麼這樣做是對的？

　　看清楚題目的條件、求解、解題的過程後，就該去想清楚：「為什麼這樣做是對的？」也就是弄清楚每一步驟的合理性；以及：「為什麼這樣做出來的就是正確的答案？」也就是**知其然**之後還要**知其所以然**。假如連因果關係都沒看清楚，就不可能有什麼理解。

　　解題時若用到一個定理，就要想一想這個定理的條件是否符合？定理的使用方式是否正確？這樣算出來的結果真是我們的答案嗎？用更簡單的說法，如果解法是要將 x 與 y 加起來，那麼為什麼加起來是答案？為什麼不能用乘的或減的？**每一步都要想清楚，了解不這樣做就會錯，才算知道為什麼這樣做是對的。**

　　其實我們在學習題目時，可以直接達到第二層的理解，並不需要分兩次去學習。我分成兩個層次，是因為確實有學生只達到第一層的理解，希望這些學生能了解這之間的差別。

　　我利用下面的實例，說明第一層理解與第二層理解之間的差異。這個例子是典型的標準題，在學完餘式定理，再學過幾個基本運算後，老師就會教這種題目了。

實例說明（高中第一冊多項式）

$f(x)$ 是一個多項式，已知 $f(x)$ 除以 $x-1$ 餘 2，$f(x)$ 除以 $x-2$ 餘 5，

則 $f(x)$ 除以 $(x-1)(x-2)$ 得餘式為何？

解答：

$f(x)$ 除以 $x-1$ 餘 2 $\Rightarrow f(1)=2$

$f(x)$ 除以 $x-2$ 餘 5 $\Rightarrow f(2)=5$

設 $f(x)=(x-1)(x-2)Q(x)+ax+b$

$x=1$ 代入得 $f(1)=(1-1)(1-2)Q(1)+a+b=a+b$

$x=2$ 代入得 $f(2)=(2-1)(2-2)Q(2)+2a+b=2a+b$

所以 $\begin{cases} a+b=2 \\ 2a+b=5 \end{cases} \Rightarrow \begin{cases} a=3 \\ b=-1 \end{cases}$ ，故餘式為 $3x-1$

第一層理解：

(1) 題目的條件：條件一、$f(x)$ 是一個多項式。

　　　　　　　　條件二、$f(x)$ 除以 $x-1$ 餘 2。

　　　　　　　　條件三、$f(x)$ 除以 $x-2$ 餘 5。

(2) 題目的求解：$f(x)$ 除以 $(x-1)(x-2)$ 的餘式。

(3) 解題的過程：

由條件二得 $f(1) = 2$，由條件三得 $f(2) = 5$

由求解，設 $f(x) = (x-1)(x-2)Q(x) + ax + b$

以 $x = 1, 2$ 代入得 $f(1) = a + b = 2$，$f(2) = 2a + b = 5$

解聯立方程組得 $a = 3$，$b = -1$

餘式為 $ax + b = 3x - 1$

第二層理解：

(1) $f(x)$ 是多項式，由餘式定理得：「$f(x)$ 除以 $x-1$ 餘 2 $\Rightarrow f(1) = 2$」，
同理，「$f(x)$ 除以 $x-2$ 餘 5 $\Rightarrow f(2) = 5$」，這是基本運算。

(2) 由除法原理，可假設「$f(x) = (x-1)(x-2)Q(x) + ax + b$」，因為除式為二次式，
所以餘式不超過一次，可以設餘式為 $R(x) = ax + b$。
餘式也是求解，既然假設餘式是 $ax + b$，接下來就暫時將求解看成「求 a 與 b」，
一般而言，求兩個未知數要有兩個方程式。

(3) 為什麼可以用 $x = 1, 2$ 代入？
因為 $f(x) = (x-1)(x-2)Q(x) + ax + b$ 是一個運算式，也是恆等式的一種，
若 x 以任意數代入，等號都成立。

(4) 題目要求的餘式假設為 $ax + b$，有了 $a = 3$、$b = -1$，當然就得到餘式為 $3x - 1$。

看出兩者的差異了嗎？達到第二層理解後，才能分出為什麼這樣做是對的，解題的過程才變得有意義。

小艾也是一個很特別的學生，某次段考剛考完，她在走廊上遇見我，面露期待的眼神問我：「我這次考得怎麼樣？」雖然不忍心，還是必須告訴她：「還是沒及格。」她臉色一沉，面露傷心與疑惑：「怎麼會這樣？填充題我每一題都寫完了。」我忍不住問她：「那妳有幾題有把握？」

　　她沒回答，我知道她答不出來，因為她的理解一直停留在第一層，所以她只是憑印象寫出一些算式，算出一個答案，然後「希望」答案是對的。不幸高二的數學又比高一複雜很多，十題中她只對了兩題。好在小艾有一種絕不放棄的意志，後來逐漸修正了錯誤的學習習慣，成績也進步很多。

　　只達到第一層理解（或甚至第一層都沒完全做到）的學生，學習數學時往往覺得很無趣，也會有很深的挫折感，總感覺不論如何用功還是學不好，長久下去就可能失去信心，甚至完全放棄數學。

　　這樣的學生很容易分辨出來，學習時喜歡「看」數學，拿著課本或參考書一直看，好像看小說一樣，卻不願意動筆算；即使動手算，也是看完書中的解答，就接著照書上的方法再算一遍。考試時看見沒遇過的題目就不知所措，遇到似曾相識的題目，就憑著印象中的做法照寫；也許做到一半就忘記接下來該怎麼算，也許算出了答案，但自己也不確定是否正確。

　　能夠達到第二層的理解，就有中等的程度了，至少對這個題目短期內不會忘掉，足以應付段考裡相同或很類似的題目，即使記憶稍微模糊，也能自己用邏輯推論得到正確的做法，而且做出之後，有把握自己的答案是對的。

7-3　　為什麼會想到要這樣做？

　　第三層的理解，就是要想清楚：為什麼我們能想到要這樣做？考試時，我們是要根據題目想出解法。每個解題步驟都有原因，解法一定與題目的條件、求解有關，也可能與相應的定義、定理有關，這些原因就在題目中，只要細心去找就能發現。

　　如果能像前面的第 1、2 節那樣深入學習定義、定理，你自動會想到那些可能有用的定義、定理。如果將第 5 節看熟，你就會發現，**多半解題的想法其實是很自然的**。

另外，每個數學單元裡都會有一些中、小範圍的解題策略，所以，要感受到第三層的理解，有時要看過幾題同一範圍中的題目，才能漸漸領會。

實例說明（繼續上個實例）

$f(x)$ 是一個多項式，已知 $f(x)$ 除以 $x-1$ 餘 2，$f(x)$ 除以 $x-2$ 餘 5，
則 $f(x)$ 除以 $(x-1)(x-2)$ 得餘式為何？

解答：

$f(x)$ 除以 $x-1$ 餘 2 $\Rightarrow f(1)=2$

$f(x)$ 除以 $x-2$ 餘 5 $\Rightarrow f(2)=5$

設 $f(x)=(x-1)(x-2)Q(x)+ax+b$

以 $x=1$ 代入得 $f(1)=(1-1)(1-2)Q(1)+a+b=a+b$

以 $x=2$ 代入得 $f(2)=(2-1)(2-2)Q(2)+a+b=2a+b$

所以 $\begin{cases} a+b=2 \\ 2a+b=5 \end{cases} \Rightarrow \begin{cases} a=3 \\ b=-1 \end{cases}$，故餘式為 $3x-1$

第三層理解：

(1) 為什麼「$f(x)$ 除以 $x-1$ 餘 2」會想到「$f(1)=2$」？
學過「餘式」定理後，看到「餘式」，就該想想看這定理是否有用；另外，能將「$f(x)$ 除以 $x-1$ 餘 2」轉換成一個數學式 $f(1)=2$，通常都比較好用。

(2) 為什麼「用除法原理來假設」？

同樣的，這是為了將求解「$f(x)$ 除以 $(x-1)(x-2)$ 的餘式」轉換成一個數學式，並將求「餘式」解變成兩個未知數 a 與 b。這都是基本解題策略。

(3) 為什麼「以 $x=1,2$ 代入」？

「$f(x)=(x-1)(x-2)Q(x)+ax+b$」是一個運算式，也是恆等式的一種，多項式相等主要有兩種用法：「將 x 以任意數代入」或是「等式兩邊同次項的係數相等」，這裡只有第一種用法能用。

另外，見到「$f(1)=2$」、「$f(2)=5$」與 $f(x)$，它們有什麼關係呢？當然想試試「以 $x=1,2$ 代入」。

「$f(x)=(x-1)(x-2)Q(x)+ax+b$」中最難處理的是 $Q(x)$，如果「以 $x=1,2$ 代入」，就可以讓 $Q(x)$ 消失。

大多數的情形裡，每一步驟都有不止一種原因，自己解題時只要想到其中一種就能解下去了。

7-4　這一類的問題該怎麼做？

第四層的理解，就是要逐漸建立更大的或更一般的解題策略。通常，在看過同一範圍裡的多個題目後，就可以比較它們共通的條件、求解，然後找到解決這一群題目的共同方法或思考方向。

我們每學過一個新題目，就可以想一想：如何思考這個問題？有時候只需要基本解題策略即可，有時還需要體會這類問題特有的解題策略。所以，如果一時找不出思考的方向，也不用著急，再多看過幾題，可能就會有結論了。

如果面對一個標準題的時候，能夠達到第四層理解，那麼你學會的已經是一群題目，不管是見過的，或是沒見過的。這個題目完全不需要「記得」，因為我們已經可以用自己的想法去解題；這個題目也不會忘掉了，甚至彷彿變成基本運算了，看到它，就能自然反應，而一些有變化的類似題，也可以自己去想到解法。

能做到這一步，已經是數學高手了，數學也變得有趣了。這一部分，留待第8節〈建立解題策略〉再繼續深入探討。

7-5　多幾個例子

下面是一些標準題的實例，同學們可以先由解答，自行做第一、第二層理解，各實例後面的說明，是第三層或第四層理解所該思考的，希望大家可以從中體會什麼是深入的理解。關於第三層理解，還可以參考第5節的「基本解題策略」，而要體會第四層理解，可以試著想一想它的原理。

這幾題初學時是標準題，如果能深入體會到第四層，它們就會變成基本運算。

實例說明 1（高中數列級數單元）

一等差數列前 20 項的和為 670，前 40 項的和為 2540，則此數列前 30 項的和為何？

解答：

設此數列首項為 a，公差為 d

前 20 項的和 $\dfrac{20}{2}(2a+19d)=670 \Rightarrow 2a+19d=67$

前 40 項的和 $\dfrac{40}{2}(2a+39d)=2540 \Rightarrow 2a+39d=127$

$\begin{cases} 2a+19d=67 \\ 2a+39d=127 \end{cases} \Rightarrow \begin{cases} a=5 \\ d=3 \end{cases}$

所以，前 30 項的和為 $\dfrac{30}{2}(2a+29d)=15\times(10+87)=1455$

說明：

(1) 碰到等差數列的問題，若不知首項、公差，通常就假設它們。題目有兩個條件，恰可解出首項、公差這兩個未知數。（第四層）

(2) 看到「前 20 項的和」，當然想到前 n 項和的公式。（第三層）

實例說明 2（高中多項式單元）

多項式 $f(x)$ 除以 $x-2$ 得商式 $g(x)$、餘式 4，又 $g(x)$ 除以 $x+1$ 得餘式 2，則 $f(x)$ 除以 $x+1$ 的餘式為何？

解答：

$f(x)$ 除以 $x - 2$ 得商式 $g(x)$、餘式 4

　$\Rightarrow f(x) = (x - 2)\,g(x) + 4$

$g(x)$ 除以 $x + 1$ 得餘式 $2 \Rightarrow g(-1) = 2$

$x = -1$ 代入 $f(x) = (x - 2)\,g(x) + 4$ 得

$f(-1) = (-1 - 2)\,g(-1) + 4 = (-3) \times 2 + 4 = -2$

即 $f(x)$ 除以 $x + 1$ 的餘式為 -2

說明：

(1) 　除法與餘式的問題，常用的是除法原理與餘式定理。（第四層）

(2) 　將條件與求解化為數學式，則：條件為 $f(x) = (x - 2)\,g(x) + 4$ 及 $g(-1) = 2$，求 $f(-1)$。（第三層）

(3) 　求 $f(-1)$，當然是將 $x = -1$ 代入 $f(x)$。（第三層）

實例說明 3（高中三角單元）

$\triangle ABC$ 中，A、B、C 的對邊依序為 a、b、c，已知 $a = 5$，$b = 8$，$c = 7$，則 $\angle C = ?$

解答：

由餘弦定理可知：$\cos C = \dfrac{a^2 + b^2 - c^2}{2ab} = \dfrac{5^2 + 8^2 - 7^2}{2 \times 5 \times 8} = \dfrac{1}{2}$

　$\Rightarrow \angle C = 60°$

說明：

(1) 條件與求解是單一三角形的邊與角，所以是三角形邊角問題，應該考慮正弦定理與餘弦定理。（第四層）

(2) 條件與求解恰好是三邊、一角，該用餘弦定理。（第三層）

實例說明4（高中三角單元）

$\triangle ABC$ 中，A、B、C 的對邊依序為 a、b、c，已知 $A = 105°$，$B = 45°$，$b = 8\sqrt{2}$，則 $c = ?$

解答：

$C = 180° - A - B = 30°$

由正弦定理可知：$\dfrac{c}{\sin C} = \dfrac{b}{\sin B}$ $\Rightarrow$ $\dfrac{c}{\sin 30°} = \dfrac{8\sqrt{2}}{\sin 45°}$

$\Rightarrow \dfrac{c}{\frac{1}{2}} = \dfrac{8\sqrt{2}}{\frac{\sqrt{2}}{2}}$ $\Rightarrow c = 8$

說明：

(1) 條件與求解是單一三角形的邊與角，是三角形邊角問題，應該考慮正弦定理與餘弦定理。（第四層）

(2) 條件與求解恰好是二邊、二角，該用正弦定理。（第三層）

(3) 條件與求解是 A、B、b、c，並不是對角與對邊，必須要有 C 或 a 才能代入正弦定理，可用 $C = 180° - A - B$。（第三層）

實例說明5（高中指數單元）

解方程式：$4^x - 2^{x+1} - 48 = 0$

解答：

令 $t = 2^x$，則 $4^x - 2^{x+1} - 48 = 0 \Rightarrow t^2 - 2t - 48 = 0$

$\Rightarrow (t-8)(t+6) = 0 \Rightarrow t = 8，-6$（$-6 < 0$，不合）

$\Rightarrow t = 8 \Rightarrow 2^x = 8 \Rightarrow x = 3$

說明：

(1) 題目是指數方程式，此題指數的式子可化成相同底數，並且是相加減的，所以應該要代換。（第四層）

(2) $4^x = (2^x)^2$，所以應該令 $t = 2^x$，則 $4^x = t^2$。（第三層）

(3) 原方程式代換成 $t^2 - 2t - 48 = 0$ 之後，先解 t，再由 $t = 2^x$ 解 x。（第三層）

實例說明6（高中三角單元）

$\triangle ABC$ 中，已知 $\overline{BC}$ 上一點 D，滿足 $\overline{AB} = 5$、$\overline{AC} = 7$、$\overline{BD} = 3$、$\overline{CD} = 5$，則 $\overline{AD} = ?$

解答：

在 $\triangle ABC$ 中，由餘弦定理可知：$\cos B = \dfrac{5^2 + 8^2 - 7^2}{2 \times 5 \times 8} = \dfrac{1}{2}$

在 $\triangle ABD$ 中，由餘弦定理可知：

$\overline{AD}^2 = \overline{AB}^2 + \overline{BD}^2 - 2\overline{AB} \cdot \overline{BD} \cos B = 25 + 9 - 15 = 19$

$\Rightarrow \overline{AD} = \sqrt{19}$

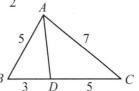

說明：

(1) 條件與求解是三角形加一條線，有三個三角形 $\triangle ABC$、$\triangle ABD$ 與 $\triangle ACD$，各自考慮正弦定理與餘弦定理。（第四層）

(2) $\triangle ABC$ 中已知三邊，可解出三角 A、B、C。（第三層）

(3) $\triangle ABD$ 中已知二邊 $\overline{AB}$、$\overline{BD}$ 而且可求出角 B，因此可進一步解出 $\overline{AD}$。（第三層）

實例說明 7（高中第二冊）

$\triangle ABC$ 中，已知 $\overline{BC}$ 上一點 D，滿足 $\overline{AB} = 6$、$\overline{AC} = 3\sqrt{2}$、$\angle BAD = 30°$、$\angle CAD = 45°$，則 $\overline{AD} = $ ？

解答：

設 $\overline{AD} = x$，面積 $\triangle ABD + \triangle ACD = \triangle ABC$

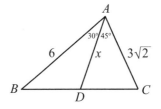

$$\Rightarrow \frac{6x}{2}\sin 30° + \frac{3\sqrt{2}x}{2}\sin 45° = \frac{6\times 3\sqrt{2}}{2}\sin 75°$$

$$\Rightarrow \frac{3x}{2} + \frac{3x}{2} = \frac{9\sqrt{2}}{4}(\sqrt{6}+\sqrt{2}) \quad \Rightarrow x = \frac{3}{2}(\sqrt{3}+1)$$

說明：

(1)　條件與求解是三角形加一條線，有三個三角形△ABC、△ABD與△ACD，
　　　各自考慮正弦定理與餘弦定理。（第四層）

(2)　條件與求解恰好是三個三角形的兩邊與其夾角，所以該往三角形面積考慮，
　　　剛好△ABD + △ACD = △ABC。（第四層）

(3)　設 $\overline{AD} = x$，則△ABD + △ACD = △ABC可做出一方程式來求解x。
　　　（第三層）

這些實例中，第3、4個實例，應該要逐漸變成你的「基本運算題」，然後第6個實例就會變得很好理解了。

七個實例不算多，我的目的是希望大家能抓到「深入理解」的意義。有些同學努力做題目，可是沒有加深理解的層次，所以始終無法學好數學。

7-6　　學會深入思考問題

有些同學只做到第一層理解，就以為自己學會了。如果題目過程不長，變化也不多，真的可以硬記下來，也能持續幾天不忘記。這樣應付小考倒還可以，可是時間一長，或遇到稍微有變化的類似題，馬上就垮了。如果你常會覺得數學好複雜，問題出在你原本很可能就沒弄清楚，所以總是記了又忘。其實，數學本來就不能只靠記的。

許多程度比較不好的同學，理解層次只在第一、二層之間，也就是有些標準題能理解到第二層，而有些就只有到第一層。這些同學常存有「懂最好，不懂就背下來」的錯誤心態，這樣的心態使學生懶得去理解，當然學不好。

中等程度的同學，理解層次大約在第二、三層之間，部分標準題理解到第三層，部分只有到第二層。這樣的學生能夠解出常見的題目，有變化的題目就要靠運氣了，可是一段時間後，很多可能又忘掉了。

對大多數題目的理解都達到達到第三層的同學，數學成績就一定很好了，而且學會的數學能很持久；不是不會忘，而是忘了一半也能自己解出來，甚至依稀記得一點方向，就能自己解出來。這樣的感覺很美妙，是感覺「我會解」，而不是「我記得怎麼解」。高中生只有少部分能達到這種境界，能體會出數學的樂趣。

真的很多學生，學了又都忘了嗎？就我的觀察，至少有三分之一的學生在高三開始複習時，覺得高一、高二的數學幾乎是完全陌生的。這很悲哀，當初的努力一大半是白費了。

通常一個題目的解答，呈現出來的是簡潔而符合邏輯的推論，而不是思考的過程。所以**我們學習時，必須深入去發掘背後的意涵**。如果只在看表面的解法，自然吸收不到最重要的想法了。

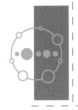

8
學完一個段落——構築解題策略

　　這一節是本書的重點。前兩節〈熟練基本運算〉與〈理解標準題〉，都是要深化同學對題目的學習。可是當我們面對那些沒見過、或已經忘了的題目，這時就要運用解題策略，尋求解題方法。

　　在第5節中，我們看的「基本解題策略」都屬於大範圍的解題策略，幾乎在任何單元的數學問題都可能用到。而在數學的各個單元裡，針對單元的特性，就有一些中範圍的解題策略，或是針對某類題目或某種條件以及求解，又有一些小範圍的解題策略。這些策略在解題時也需要交互運用。

　　我們都必須體會解題策略的重要性，尤其是中、小範圍的解題策略，每個同學要學習自己建立解題策略。經由自己的歸納與思考，再不斷修正、擴充，這樣體會出自己的解題策略，才是不會忘記的，也是保證能夠靈活運用的。

　　天底下沒有完美的解題策略，我們也無法保證能夠解出所有題目，但不斷改進解題策略，才能有更強的解題能力。運用解題策略，可以讓自己憑數學能力解題，不需要去記解法，而是有能力去解，也可以解出很多沒見過的題目。最重要的是，這樣才能真正享受解數學的樂趣。

8-1　　小範圍的解題策略

　　小範圍的解題策略（後面簡稱小策略），是針對某一個特定的條件、求解或特殊格式，所必須主動去想到的方向。

　　其實，每個同學在做過一些題目後，都會自動產生這種感覺，例如題目要你求一個圓的面積，大家都會想到先去找半徑，這就是解題策略。而這些策略的道理都很明顯，也不會記錯。

　　不同的學生，心中的解題策略多寡不一。程度好的同學遇見難題，心中會有很多想法，會去嘗試各種可能的方向。程度比較差的同學遇到沒見過的題目，腦袋一片空白，完全不知道該如何去想。

　　這無關你的聰明才智，而是平常學習時，能否將學過的東西轉化成具體的解題策略。

　　小策略主要有三種來源：

一、學完一個定義、公式或定理，如果能像本書所說的方式去探討、深究，就可以發現一些小策略，例如：

　　「多項式除以一次式的餘式，可以用餘式定理」（高中多項式）──學完餘式定理，看到餘式當然就該想到它。仔細看過定理，還要加上使用時機：除式必須是一次式。

　　「在極值問題中看到平方和，則優先考慮柯西不等式」（高中向量）──極值問題通常由不等式求出，方法很多，而柯西不等式是：「若 a，b，x，y 為實數，則 $(a^2 + b^2)(x^2 + y^2) \geq (ax + by)^2$」；公式裡就有兩個「平方和」，那麼看到平方和，自然要優先考慮它。

二、做過幾個類似的題目後，想一想它們有什麼共同的做法？這做法與題目的條件有什麼關聯？再想一想這背後的原因，你就會感覺到一些小範圍的解題策

略，例如：

「看見分數（或分式）就要想到約分、通分」（國中）──這是標準的化簡方式，通常先考慮約分，再考慮通分。

「對於四邊形的問題，可以作對角線，把四邊形切成兩個三角形」（高中三角）──四邊形本身的性質如果不好用，就該考慮分割成兩個三角形，這樣我們就多了很多三角形的定理和公式可用了。

「看見 $(\log x)^2$，要設 $t = \log x$」（高中對數）──為什麼總是這樣做？只要檢查一遍對數律，你就會發現對數律完全無法處理 $(\log x)^2$, $(\log x)^3$, ... 這種式子，所以就該往代換的方向去做了。

「看見圓與直線相切，要想到圓心與直線的距離等於半徑」（國中、高中圓）──這其實也是一個充要條件，也是將敘述的條件改成數學等式，做過幾題切線題目，你就可能注意到這個策略。

三、當然，我們也會從別人（老師或同學）那兒聽到一些想法，這時自己就要想一想原因，或想一想有沒有其他的例子。想清楚再記下來，如果忘記了，也沒關係，只要做題目時都會深入去理解做法，常用的解題策略就會不斷重複出現，不斷提醒我們。直到某一天，我們主動想到了這個解題策略，又因此找到解法，才算真正學會了。

8-2　　解題策略實例1：餘弦定理

看一看餘弦定理：「已知△ABC三角A，B，C及對應邊長a，b，c，則$a^2 = b^2 + c^2 - 2bc \cos A$」，我們就該發現這個小策略：

題目的已知與求解恰有關於一個三角形的三邊一角，

就可用餘弦定理。

這是因為公式中就是三邊一角。只要認得餘弦定理是「三邊一角關係式」，再學會靈活用即可。如果不太清楚，請參閱2-3對餘弦定理的解說。

下面的三個實例，第一題是基本運算題，第二、三題是標準題，不過第三題已經有思考題的難度，你可以試著只利用餘弦定理與解題策略去算算看。

實例說明（高中三角單元）

設 $\triangle ABC$ 之中，A、B、C 的對邊長依序為 a、b、c，若 $\angle A = 60°$，$b = 5$，$c = 8$，則 $a = $ ？

分析：

1. 題目的已知與求解為 a、b、c、A，恰為三邊一角，那麼就該想到餘弦定理，代進去試試。

2. $a^2 = b^2 + c^2 - 2bc \cos A = 5^2 + 8^2 - 2 \times 5 \times 8\cos 60°$

   $= 25 + 64 - 40 = 49 \implies a = 7$

實例說明（高中三角單元）

x、y為正實數，試求以 x、y、$\sqrt{x^2+xy+y^2}$ 為三邊長的三角形的最大角。

分析：

1. 題目的已知與求解恰有關於三邊一角，所以該想到餘弦定理。

2. 沒有關係式可以解x、y，只能直接代入餘弦定理。

3. 最大邊的對角是最大角，而最大邊顯然是 $\sqrt{x^2+xy+y^2}$。

4. 設最大角是θ，則

$$\cos\theta = \frac{x^2+y^2-(\sqrt{x^2+xy+y^2})^2}{2xy} = \frac{-xy}{2xy} = -\frac{1}{2}$$

$\Rightarrow\ \theta = 120°$（剛好$x$、$y$消去了，題目早設計好了。）

實例說明（高中三角單元）

設$\triangle ABC$之中，A、B、C的對邊長依序為a、b、c，若滿足 $(a+b+c)(a+b-c) = 3ab$，則$\angle C = $？

分析：

1. 題目的已知與求解有關於 a、b、c、C，恰為三邊一角，當然該想到餘弦定理。

2. 只有一個條件式 $(a+b+c)(a+b-c) = 3ab$，無法解出三個未知數。應該先將

   求解看成 $\cos C = \dfrac{a^2+b^2-c^2}{2ab}$，想辦法用條件式直接代入。

3. $(a+b+c)(a+b-c) = 3ab$ 與 $\dfrac{a^2+b^2-c^2}{2ab}$ 有什麼好的關係呢？

   試著乘開 $(a+b+c)(a+b-c) = 3ab$：

   $\Rightarrow (a+b)^2 - c^2 = 3ab \Rightarrow a^2 - ab + b^2 - c^2 = 0$

4. 再比較一下 $\dfrac{a^2+b^2-c^2}{2ab}$，就很明顯了：

   $a^2 - ab + b^2 - c^2 = 0 \Rightarrow a^2 + b^2 - c^2 = ab$

   代入 $\cos C = \dfrac{a^2+b^2-c^2}{2ab} = \dfrac{ab}{2ab} = \dfrac{1}{2}$，則 $\angle C = 60°$

　　看過這三個例子，你大概就能稍微體會解題策略的功能了。很多同學在學數學時，會去記題型，做過的題目就記成「已知三邊求一角」、「已知兩邊一角求第三邊」……，這樣學很辛苦又沒效率。簡單的小策略，可以幫助我們打開視野，不但能做見過的題目，更能舉一反三。

　　同樣的道理，正弦定理是：「已知 $\triangle ABC$ 三角 A、B、C 的對應邊長 a、b、c，則

$\dfrac{a}{\sin A} = \dfrac{b}{\sin B} = \dfrac{c}{\sin C} = 2R$，其中 R 為 $\triangle ABC$ 的外接圓半徑」，我們從定理的前半部分

$\dfrac{a}{\sin A} = \dfrac{b}{\sin B}$，也可以發現一個小策略：

如果題目的已知與求解恰有關於一個三角形的二邊二角，則可用正弦定理。

用法也類似。如果去記「已知一邊兩角求另一邊」、「已知兩邊一角求另一角」……，繁瑣而且不動腦筋，效果就差了。

實例說明（高中三角）

設△ABC之中，A、B、C的對邊長依序為a、b、c，若 已知$b = 8$，$c = 5$，$\angle B = 2 \angle C$，則$\cos \angle A = ?$

分析：

1. 題目的已知與求解有關於b、c、A、B、C，為二邊三角，所以應該用正弦定理。

2. $\dfrac{b}{\sin B} = \dfrac{c}{\sin C} \Rightarrow \dfrac{8}{\sin 2C} = \dfrac{5}{\sin C} \Rightarrow 5\sin 2C = 8\sin C$

3. 看到不同角$2C$、C，要化成相同角。（這也是重要策略）

   $5\sin 2C = 8\sin C \Rightarrow 10\sin C \cos C = 8\sin C$

   $\Rightarrow \cos C = \dfrac{4}{5}$（因為$\sin C \neq 0$）

4. 利用A與C的關係：$A = 180° - B - C = 180° - 3C$，

   $\cos A = \cos (180° - 3C) = -\cos 3C$

   $= -(4\cos^3 C - 3\cos C) = -[4(\dfrac{4}{5})^3 - 3(\dfrac{4}{5})] = \dfrac{44}{125}$

策略雖然給了我們解題的方向，實際解題時，仍要仔細考慮解法的正確性，很精確地執行每一步。

8-3　中範圍的解題策略

中範圍的解題策略（後面簡稱中策略），可能是幾個相近的小策略再組合起來的，所以適用範圍更大，包括一堆條件、求解類似的題目。相對的，中策略會包含幾個可用的工具（公式、定理），也有幾個可能的解題方向，其中最重要的是，這個策略要能針對不同的條件或求解，指引你怎麼去選擇工具或方向。

現在我們將 8-2 節提到的兩個小策略（也就是「已知與求解有關於三邊一角，用餘弦定理」和「已知與求解有關於二邊二角，用正弦定理」），再加上國中學過的一些性質，組合成一個中策略，我稱為**「解三角形的解題策略」**（所謂「解三角形」，是已知一個三角形的若干邊長或角，然後求解其他邊長或角）：

1. 一般 $\triangle ABC$ 的邊與角，會滿足「$A + B + C = 180°$」、正弦定理、餘弦定理、「任兩邊和大於第三邊」。

2. 若任一個三角形已知三個邊、角（或三個條件），則可解出其他的邊與角；但已知三角只能算兩個條件，因為若已知 $A = 60°$，$B = 45°$，則可得 $C = 180° - 60° - 45° = 75°$，所以「已知 A、B、C」與「已知 A、B」是一樣的。

3. 將已知與求解的邊、角一起考慮；若為二邊二角，則用正弦定理做成方程式，若為三邊一角，則用餘弦定理。

這個策略看起來有點複雜，其實重點只在第2項，這一項就在將兩個小策略，整合成較大範圍的解題策略。第1項是界定可用的工具，而第3項只是原本的兩個小策略的比較。只要熟悉這個策略和前面第5節的基本解題策略，幾乎就可以解決這個範圍的所有題目了。

下面是一個困難的思考題，能考倒很多中上程度的學生。

實例說明（高中三角單元）

設 $\triangle ABC$ 之中，A、B、C 的對邊長依序為 a、b、c，若已知 $a = 10$，$b = c + 4$，$B = 2C$，則 $c = ?$

分析：

1. 條件與求解都是 $\triangle ABC$ 的邊與角，恰有三個條件。

2. 求解與其中兩個條件是邊的式子，怎樣把 $B = 2C$ 也變成邊的關係式呢？能同時用到 B、C 的公式就是正弦定理了。

3. $\dfrac{b}{\sin B} = \dfrac{c}{\sin C} \Rightarrow \dfrac{b}{\sin 2C} = \dfrac{c}{\sin C} \Rightarrow \dfrac{b}{2\sin C \cos C} = \dfrac{c}{\sin C}$

   $\Rightarrow \cos C = \dfrac{b}{2c}$，再將 C 變成邊的關係，利用餘弦定理。

4. $\cos C = \dfrac{b}{2c} = \dfrac{a^2 + b^2 - c^2}{2ab} \Rightarrow ab^2 = c(a^2 + b^2 - c^2)$

5. 將 $a = 10$，$b = c + 4$ 代入消去 a、b，就可得 c 的方程式：

$$ab^2 = c(a^2 + b^2 - c^2) \Rightarrow 10(c+4)^2 = c[100 + (c+4)^2 - c^2]$$

$$\Rightarrow 10c^2 + 80c + 160 = c(8c + 116) \Rightarrow c^2 - 18c + 80 = 0$$

$$\Rightarrow c = 10 \text{或} 8$$

6. c 有兩組解，該代回題目檢查一下：$c = 10$ 時，$a = 10$，$b = 14$，則 $A = C$，又 $B = 2C$，變成 $B = 90°$ 的等腰直角三角形，但 $b^2 = 196 < 200 = a^2 + c^2$，不合。所以 $c = 8$。

形成中策略的另一個方式是：從一群題目中歸納。當我們學完一個段落的基本運算題與標準題，或許也做過一些思考題之後，就可以試著建立共通的解題策略。首先，可以靜下來想幾個問題：

一、**這個段落大致有哪些題目？**這些題目有什麼共通性？有什麼條件？有什麼求解？這些條件、求解常常如何使用？將來在一堆混合的題目裡，要怎樣發現是這一類題目？

二、**在解決這些題目時，會用到哪些工具（定義、公式、定理）？**什麼樣的條件或求解下，會用到什麼工具？如果用到多種不同的工具，能不能找出它們使用上的差異？在什麼時機應該使用哪一種工具？

三、**在解決這些題目時，有沒有用到什麼共通的結構？**也就是有沒有什麼共同的模式可以依循？

將這些問題想一想，就會有一些小結論，而且是我們自己得到的結論，而這時候我們所學的一堆個別的題目，才會開始融合成具體的觀念。

接下來，你可以做更多的變化題了，看到類似的條件或求解，也許運用你自己的策略，就可以解出你從未見過的題目，享受一下那種成就感吧！當然，也可能你還是解不出來，這時不妨看看解答，再想一想，自己的解題策略是不是可以再擴大或修改一些？有時你也會發現，其實自己的策略能用，只是沒想到也能這樣用。

當我們不斷接觸新的題目，加入新的策略，或更活用原有的策略，我們的解題能力也越來越強，對自己策略的信心也越來越強。

8-4　　解題策略實例2：餘式定理

高中第一冊多項式單元裡的餘式定理，衍生出不少變化題，可以建立一個中策略。下面我們先分析，再建立一個簡單的解題策略；已經學過的同學不妨先複習一下，看看有哪些題目，然後一起思考下面的問題：

一、**這個段落大致有些什麼題目？**這些題目的已知大多是某些除法的餘式，然後求一個除法的餘式，有時也會求被除式或商式，也可能是求其中的未知數。

二、**在解決這些題目時，會用到哪些工具？**這些題目常用餘式定理、除法原理。比較一下吧：餘式定理比較簡單，可是使用時，除式必須是一次式，而且題目必須與商式無關，否則就必須用除法原理來假設餘式。也常將 x 以各種數代入假設式，以得到一些方程式。

三、**在解決這些題目時，有沒有用到什麼共通的結構？**通常我們會利用除法原理來假設出餘式，同時餘式也變成若干個未知數，常利用各個條件列出方程式來解。

現在我們可以得到一個不錯的解題策略了：

1. 將已知與求解的除法式，以除法原理、餘式定理寫成數學式，其中若有未知的部分，就做個假設。
2. 將能使除式等於0的x代入，或以與其他條件有關的數代入x。

看似簡單而且直覺的想法吧？這些多半也是「基本解題策略」的延伸，讓我們一起試著運用這個中策略來解題。下面幾個例子，大家不妨先想想解法，真的想不出來，再看後面的分析。

實例說明（高中多項式單元）

$f(x)$ 是一個多項式，已知$f(x)$ 除以 $x^2 - 3x + 2$ 得餘式 $-x - 1$，$f(x)$ 除以 $x^2 + 2x - 3$ 得餘式 $4x - 6$，則$f(x)$ 除以 $x^2 + x - 6$ 得餘式為何？

分析：

1. 首先，看清題目，並將條件、求解以數學式來表示。

已知$f(x)$除以$x^2 - 3x + 2$得餘式 $-x - 1$

⇒ 設 $f(x) = (x^2 - 3x + 2)Q_1(x) - x - 1$ ……①

$f(x)$ 除以 $x^2 + 2x - 3$ 得餘式 $4x - 6$

⇒ 設 $f(x) = (x^2 + 2x - 3)Q_2(x) + 4x - 6$ ……②

求解為 $f(x)$ 除以 $x^2 + x - 6$ 的餘式，可化為：

設 $f(x) = (x^2 + x - 6)Q_3(x) + ax + b \cdots$③

求餘式就是求 a , b。（也就是 5-2 節所講的「條件、求解數學化」）

2. 想一想接下來該怎麼辦？ x 可用什麼代入呢？

①式中，除式為 $x^2 - 3x + 2 = (x - 1)(x - 2)$

所以 $x = 1$, 2，代入得 $f(1) = -2$, $f(2) = -3$

②式中，除式為 $x^2 + 2x - 3 = (x - 1)(x + 3)$

所以 $x = 1$, -3，代入得 $f(1) = -2$, $f(-3) = -18$

③式中，除式為 $x^2 + x - 6 = (x - 2)(x + 3)$

所以 $x = 2$, -3，代入得 $f(2) = 2a + b$, $f(-3) = -3a + b$

3. 要求解的是 a , b，從上面找到了什麼嗎？

$f(2) = 2a + b = -3$, $f(-3) = -3a + b = -18$

　$\Rightarrow$ $a = 3$, $b = -9$ $\Rightarrow$ 餘式為 $3x - 9$

實例說明（高中多項式單元）

$f(x)$ 是一個多項式，已知 $f(x)$ 除以 $x - 2$ 得商式 $Q(x)$，餘式為 3 , $Q(x)$
除以 $x + 1$ 餘 5，則 $f(x)$ 除以 $x + 1$ 得餘式為何？

分析：

1. 首先，看清題目，並將條件、求解以數學式表示。

   $f(x)$ 除以 $x - 2$ 得商式 $Q(x)$，餘式為 3

   $\Rightarrow f(x) = (x - 2)Q(x) + 3$

   $Q(x)$ 除以 $x + 1$ 餘 5 $\Rightarrow$ $Q(-1) = 5$

   求 $f(x)$ 除以 $x + 1$ 的餘式，也就是求 $f(-1)$

2. 已知 $f(x) = (x - 2)Q(x) + 3$ 與 $Q(-1) = 5$，求解為 $f(-1)$，接下來該怎麼辦？

   x 可用什麼代入呢？發現了 -1 嗎？

3. 以 $x = -1$ 代入 $f(x) = (x - 2)Q(x) + 3$

   $\Rightarrow f(-1) = (-1 - 2)Q(-1) + 3 = (-3) \times 5 + 3 = -12$

實例說明（高中多項式單元）

$f(x)$ 是三次以上的多項式，若將 $f(x)$ 除以 $(x - a)(x - b)$, $(x - b)(x - c)$, $(x - c)(x - a)$，分別得餘式為 $x - 3$, $2x + 2$, $3x + 1$，試求 a , b , c 之值。

分析：

1. 首先，看清題目，並將條件、求解以數學式表示。

   「$f(x)$ 是一個三次以上的多項式」為一般條件，暫時不管。

   $f(x)$ 除以 $(x - a)(x - b)$, $(x - b)(x - c)$, $(x - c)(x - a)$ 分別得餘式 $x - 3$, $2x + 2$, $3x + 1$

$$\Rightarrow \; 設 f(x) = (x-a)(x-b)Q_1(x) + x - 3 \; \cdots\cdots ①$$

$$f(x) = (x-b)(x-c)Q_2(x) + 2x + 2 \; \cdots\cdots ②$$

$$f(x) = (x-a)(x-c)Q_3(x) + 3x + 1 \; \cdots\cdots ③$$

求解為 a , b , c，所以需要三個方程式。

2. x 該用什麼代入呢？①式可以用 $x=a$, b 試試吧：

可得 $f(a) = a-3$、$f(b) = b-3$

同樣由②式可得 $f(b) = 2b+2$、$f(c) = 2c+2$

由③式可得 $f(a) = 3a+1$、$f(c) = 3c+1$

3. 這些式子可能解出 a , b , c 嗎？

$$f(a) = a-3 = 3a+1 \;\Rightarrow\; a = -2$$

$$f(b) = b-3 = 2b+2 \;\Rightarrow\; b = -5$$

$$f(c) = 2c+2 = 3c+1 \;\Rightarrow\; c = 1$$

看完以上的例子，你有什麼感覺呢？

中策略比小策略複雜一點，**光是背起來沒有用，能夠熟悉它的使用才重要**；有時候要依實際題目的狀況作調整，有時候也有其他的策略相呼應。

中策略的基礎是小策略，有些部分又是大範圍解題策略的應用。

中策略可以解出範圍內的各式題目，一旦熟悉了用法，這個範圍裡多數的題目就都會了，而且是順著自己的想法解出來——即使題目忘記了也沒關係，因為我們是「會解」，而不是「記得怎麼解」。

熟練這個簡單的策略，就可以解出大多數題目，但不是所有的題目，因為這是初始策略。再做題目時，就以此為本，萬一做不出來，就要檢討這個策略還有什麼不足之處，或再加入一點新的想法。這樣下去，你的策略就會越來越完整了。

　　熟練策略比熟記題目更有效，一個中策略，可以輕易解出十幾個或幾十個不同的題目。做十個題目用十個解法，當然可能混淆，但如果做十個題目只用一個策略，這個策略就會越來越熟，而且不容易忘記，尤其這些策略都有簡單又明顯的原因，不容易誤用。

　　另外，用策略解題時，你必須注意解題過程的合理性，也就是過程要自己判斷，所以先要對定義、定理與基本計算，有完全的掌握。

　　真正了解的東西，是不會忘記的！別懷疑，看看下面這個問題，你就知道我的意思了：小明這次考試的成績為國文95分、數學98分、自然94分，又知道小明國文、數學、自然、社會4科的平均為95分，請問小明社會科多少分？

　　每個高中生都能輕易算出小明社會是93分。這是個小學的題目，我們都不會忘記做法，10年後也一定還會算。那是因為我們完全了解平均數的定義，永遠不會「忘記」做法──其實，並不是我們「沒忘記」這個題目與做法，而是我們的「數學能力」足以解它，所以根本沒有「忘記」的問題。

　　深入學習基本東西，培養解題策略，學會的數學不但不會忘記，還能舉一反三。

8-5　解題策略實例3：進一步的三角問題

　　熟悉了8-2節的小策略，就應該可以輕易解決單一三角形的邊角問題。現在，我們要把問題再延伸為兩個三角形的情況，最常見的就是三角形再加一條線，如右圖；這實際上已經有三個三角形了。我們可以建立下面的解題策略：

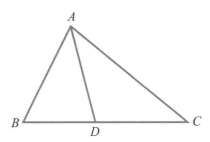

1. 檢查三個三角形△ABD、△ACD、△ABC，若任一個三角形已知三個條件，就表示可以求出其他的邊與角，再利用解出的邊與角與其他條件，去解其他三角形。

2. 若任一個三角形都無法直接解出，可利用其中兩個三角形，假設未知的共同邊或角（這樣的假設可在兩個三角形各自使用）。在一個三角形中，任意四個已知或未知的邊、角，就可以用正弦定理、餘弦定理做成方程式，再去解聯立方程組。

這個中策略，是由「解三角形」策略延伸題目的範圍，由一個三角形變成兩個三角形，而「解三角形」策略主要又是由「正弦定理」、「餘弦定理」兩個策略結合而成的。

這就好像策略在我們心中逐漸「長大」，可能是增加新的定義、定理，也可能增加適用範圍。不管是哪一種長大，原有的小策略都必須夠扎實；策略雖變大，其間還是要靠小策略在運作。

實例說明（高中三角單元）

△ABC中，$\overline{AC} = 8$，$\overline{BC} = 11$，D為$\overline{BC}$上一點，且$\overline{AD} = 7$，$\overline{BD} = 6$，試求$\overline{AB} = ?$

分析：

1. 先畫個圖，並標上各已知長度，也順手算出：
   $$\overline{CD} = \overline{BC} - \overline{BD} = 11 - 6 = 5$$

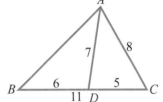

2. 求解 $\overline{AB}$，必須由 $\triangle ABD$ 或 $\triangle ABC$ 著手，
   可是都只知道兩個條件（兩邊長），條件不夠。

3. 再考慮 $\triangle ACD$ 上已知的三邊，可解出三個角，
   有了 C，就可以解出 $\triangle ABC$。於是我們找到方法了：
   從 $\triangle ACD$ 中解出 C，再由 $\triangle ABC$ 中解出 $\overline{AB}$。

4. 解法如下：
   在 $\triangle ACD$ 中，由餘弦定理，$\cos C = \dfrac{8^2 + 5^2 - 7^2}{2 \times 8 \times 5} = \dfrac{1}{2}$
   在 $\triangle ABC$ 中，由餘弦定理，
   $$\overline{AB}^2 = 8^2 + 11^2 - 2 \times 8 \times 11 \cos C = 64 + 121 - 88 = 97$$
   $$\Rightarrow \overline{AB} = \sqrt{97}$$

實例說明（高中三角單元）

$\triangle ABC$ 中，$\overline{AB} = 7$，$\overline{AC} = 8$，D 為 $\overline{BC}$ 上一點，且 $\overline{AD} = \sqrt{31}$，
$\overline{BD} : \overline{CD} = 2 : 3$，試求 $\overline{BC} = $ ？

分析：

1. 先畫個圖，並標上各已知長度；

   已知 $\overline{BD} : \overline{CD} = 2 : 3$，可設 $\overline{BD} = 2k$，$\overline{CD} = 3k$。

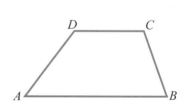

2. 考慮 $\triangle ABD$、$\triangle ACD$、$\triangle ABC$，都無法

   直接解出；若利用一個共同角 B，則

   $\triangle ABD$、$\triangle ABC$ 都有三邊一角，可作出

   餘弦定理，恰可解出 B、k 兩個未知數。

   解法如下：

3. 在 $\triangle ABD$ 中，$\cos B = \dfrac{(2k)^2 + 7^2 - (\sqrt{31})^2}{2 \times 2k \times 7} = \dfrac{2k^2 + 9}{14k}$

   在 $\triangle ABC$ 中，$\cos B = \dfrac{(5k)^2 + 7^2 - 8^2}{2 \times 5k \times 7} = \dfrac{5k^2 - 3}{14k}$

   所以 $\dfrac{2k^2 + 9}{14k} = \dfrac{5k^2 - 3}{14k} \;\Rightarrow\; k = 2 \;\Rightarrow\; \overline{BC} = 5k = 10$

不只是「三角形多一條線」，一般四邊形的題目也常常如此處理。下面兩個題目分別是梯形與圓內接四邊形。

實例說明（高中三角單元）

梯形 $ABCD$ 中，$\overline{AB} \parallel \overline{CD}$，$\overline{AB} = 10$，

$\overline{BC} = 5$，$\overline{CD} = 5$，$\overline{DA} = 6$，

試求 $\overline{AC} = ?$

分析：

1. 題目求 $\overline{AC}$，先畫出 $\overline{AC}$，圖形就變成 $\triangle ABC$ 與 $\triangle ACD$。

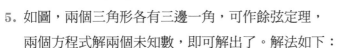

2. 兩個三角形各知道兩邊，都無法解出。

3. 可以設共同邊 $\overline{AC} = x$。

4. 還有一個條件「梯形」，要怎麼應用？

   $\overline{AB} \; /\!/ \; \overline{CD}$，可以設 $\angle ACD = \angle CAB = \theta$。

5. 如圖，兩個三角形各有三邊一角，可作餘弦定理，

   兩個方程式解兩個未知數，即可解出了。解法如下：

6. 由餘弦定理，得 $\cos\theta = \dfrac{x^2 + 5^2 - 6^2}{2 \times x \times 5}$ 與 $\cos\theta = \dfrac{x^2 + 10^2 - 5^2}{2 \times x \times 10}$

$$\Rightarrow \frac{x^2 + 5^2 - 6^2}{2 \times x \times 5} = \frac{x^2 + 10^2 - 5^2}{2 \times x \times 10} \Rightarrow 2(x^2 - 11) = x^2 + 75$$

$$\Rightarrow x^2 = 97 \Rightarrow x = \sqrt{97}$$

實例說明（高中三角單元）

圓內接四邊形 $ABCD$ 中，$\overline{AB} = \overline{AD} = 4$，$\angle C = 90°$，

$\angle D = 105°$，則 $\overline{BC} = ?$

分析：

1. 圓內接四邊形對角互補，$\angle C = 90°$

　　$\Rightarrow \angle A = 90°$。

2. 四邊形通常要作一條對角線，

　　分割成兩個三角形（這也是一個

　　小策略）。那麼，該連 $\overline{AC}$ 還是

　　$\overline{BD}$？由於 $\triangle ABD$ 是等腰直角三角形，

　　當然連 $\overline{BD}$ 比較好。

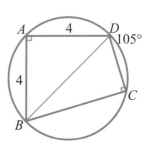

3. 求解 $\overline{BC}$，必須由 $\triangle BCD$ 著手，試著找出三個條件：

　　$\angle C = 90°$，$\overline{BD}$ 可由 $\triangle ABD$ 中解出，還缺一個條件在哪兒？

　　這時候應該優先考慮，那個還沒用到的條件「$\angle D = 105°$」可以怎麼用：

　　$\angle BDC = \angle D - \angle ADB$，這就是第三個條件了。

4. 解法如下：$\overline{AB} = \overline{AD} = 4$，$\angle A = 180° - \angle C = 90°$

　　$\Rightarrow \angle ADB = 45°$，$\overline{BD} = 4\sqrt{2}$

　　$\angle BDC = 105° - \angle ADB = 60°$，$\angle DBC = 90° - \angle BDC = 30°$

　　$\overline{BC} = \overline{BD}\cos\angle DBC = 2\sqrt{6}$

　　　如果能夠熟練使用這個中策略，再加上「面積」的策略以及一些小策略（像是重心、中線、角平分線……），還可以進一步組成「三角方法解幾何問題」的大範圍解題策略。

8-6　　大範圍的解題策略

大範圍的解題策略（後面簡稱大策略）更近似解題觀念，從適用範圍來看，約可分成兩類。

第一類是**大致涵蓋一整個單元**，往往是幾個中範圍解題策略的統整，這時策略已經完全跳脫題型的導向。因為範圍很大，往往只是幾種常用的方向，或化簡的方向，這樣的策略適用的範圍更大，限制也更少，尤其遇到完全沒見過的題目時，這些策略更能顯現功能。

不過，千萬不要以為有了大範圍的解題策略，就能無往不利。如果用打仗做比喻，大策略就像是諸葛亮，中策略就像是關公、張飛、趙子龍，小策略就是那些戰士；空有一個料事如神的諸葛亮，是沒有辦法打仗的。

大策略是戰略技術，先有堅實的將軍與士兵，諸葛亮的神機妙算才能發揮功效。同時也要了解，縱使諸葛亮帶著五虎將，也不能保證永遠打勝仗。大策略很難簡單舉例，大家可以參考8-7節的例子。

第二類是**橫跨很多不同單元的共通想法**，前面第5節所介紹的「一般解題策略」都屬於這一類。這些並不屬於任何範圍，隨時都可能用上，配合這些策略，即使學到新的單元，也可以馬上使用。有時候這些策略很籠統，通常適用於很多不同單元中相近的題目。這一類的大策略可以推廣運用，學到新的單元也能馬上使用。請參考8-8的例子。

策略的範圍越大，效能就越強，但相對的也越難駕馭。較大的策略必須由較小的策略慢慢累積而成，然而一旦較大的策略成形，較小的策略就慢慢變成自然而然的道理了。也可以這樣說，小策略融會成大策略，大策略再貫通小策略，自此就能優游於數學題目裡，享受融會貫通的喜悅。

大策略也可以合併使用，成為中、小策略。例如指數方程式的題目，只要熟悉指數的化簡與方程式的解法，將兩者一起運用，就是指數方程式的解法了。

越大的策略，越需要靠自己不斷用題目去體會，無法體會的策略是無用的。

我心中就有一個超大策略：「觀察題目的已知和求解，有哪些部分相同？哪些部分不同？那些不同的部分能不能化成相同的？那些不同的部分有什麼關係？」我自己稱它為「**任氏法則**」。

我由很多個大策略，體會出這個策略，也從這個策略得到很多收穫，可是很少對學生提起，因為對大多數的學生而言，這個策略是很難體會的。8-7與8-8兩節所講的大策略，都有「任氏法則」的影子，而且後面很多題目的解法，其實都可由「任氏法則」引導出來。

「任氏法則」不僅可用在數學解題，生活中也用得到。

比方說，出門時該搭公車還是計程車？反正都能到達目的地，一種輕鬆省時間，一種省錢，所以多半人都會衡量當時的情形，趕時間就坐計程車，不趕時間就搭公車。

又譬如選購數位相機的時候，先找出符合自己預算的幾種相機，再比較它們的差異，著名廠牌的鏡頭較好，次級品牌的畫素較高，變焦倍數各有不同，最後，再根據個人重視程度，選擇適合自己需要的那一台。

數學的思考其實與生活的思考是很相近的，只是很多同學在數學課堂上不習慣思考，把數學當成另外一個世界的詭異怪物。

數學有很多題目看起來是天馬行空的，也有很多是橫跨不同單元的，很多同學對這種題目束手無策，根本不知從何著手。這種情形很普遍，原因就是沒有自己的解題策略。很多同學非常用功，做了很多題目，但都變成了支離破碎的知識——**只有整合成具體的解題策略，才會變成數學能力。**

8-7 解題策略實例4：指數問題

若與前面的解題策略比較，這個問題的範圍就比較大了，或說這是一個大策略，涵蓋的範圍比較大，只要是有關指數的問題，都可以由此為出發點。

1. 大多數指數式子的化簡，可有三個主要方向：利用指數律化簡、利用代換化簡、取對數。

2. 指數律化簡：如果看到相同底數（或可以化成相同底數）相乘除，或是相同指數相乘除時，優先考慮用指數律化簡。指數律有三條：

$$a^n \times a^m = a^{n+m} \quad ; \quad a^n \times b^n = (ab)^n \quad ; \quad (a^n)^m = a^{nm}$$

由上看出，指數律能化簡的是「同底相乘除」、「同指數相乘除」、「指數的指數」。化簡的時候，要盡量合併化成單一指數，可利用「$a > 0$，$a \neq 1$，$a^x = a^y$ $\Rightarrow x = y$」消去底。

3. 利用代換化簡：如果看到同底數（或可以化成相同底數）相加減時，優先考慮用代換。這種情形下，指數律很難用進去，例如：$2^{2x} + 2^x$ 沒有辦法靠指數律化簡，而代換是利用 $2^{2x} = (2^x)^2$，假設 $t = 2^x$，則 $2^{2x} + 2^x$ 就可以看成 $t^2 + t$，變成一個比較好處理的多項式。

4. 取對數：遇到不同底的情況，前兩個策略都不好用，這時就可以考慮取對數。

這樣的策略看起來有點含糊，一般的大策略都是如此，包含幾個最可能的方向，還有各個方向的特性，也就是使用的理由和時機。

實例說明（高中指數單元）

$x > 0$ 且 $(\sqrt{x})^x = x^{\sqrt{x}}$，則 $x = ?$

分析：

1. 題目是解方程式，等式兩邊可化成同底數。

2. $(\sqrt{x})^x = x^{\sqrt{x}}$ $\Rightarrow$ $(x^{\frac{1}{2}})^x = x^{\sqrt{x}}$ $\Rightarrow$ $x^{\frac{1}{2}x} = x^{\sqrt{x}}$

3. 底數大於 0 且不等於 1 時，等式兩邊的相同底數可以消去；此題的已知條件只限制 $x > 0$，所以以 $x = 1$ 的情形要另外考慮。

4. 若 $x = 1$，方程式成立；若 $x \neq 1$，則消去底數得

$$\frac{1}{2}x = \sqrt{x} \Rightarrow (\frac{1}{2}x)^2 = (\sqrt{x})^2 \Rightarrow \frac{1}{4}x^2 = x$$

$$\Rightarrow x^2 - 4x = 0 \Rightarrow x = 0, 4$$

5. 但 $x = 0$ 不合，所以 $x = 1$ 或 4

6. 此種做法的方向在於：化同底後合併，再消去底數，變成不含指數的問題。

實例說明（高中指數單元）

解方程式：$3^{x+1} - 2 \cdot 3^{-x+3} - 21 = 0$

分析：

1. 題目是解方程式，明顯是相同底數，但是相減無法用指數律，應該考慮代換。

   含 x 的部分為 3^x 與 3^{-x}，互為倒數，可簡單代換。

2. 令 $t = 3^x$，原式就變成：

   $$3 \cdot 3^x - 54 \cdot 3^{-x} - 21 = 0$$

   $$\Rightarrow \ 3t - \frac{54}{t} - 21 = 0 \ \Rightarrow \ t^2 - 7t - 18 = 0$$

   $$\Rightarrow \ (t - 9)(t + 2) = 0 \ \Rightarrow \ t = 9, -2$$

   但 $t = 3^x > 0$，故 $3^x = 9 \ \Rightarrow \ x = 2$

3. 此種做法的方向在於：經由代換變成不含指數的問題，解完後再換回，成為簡單指數問題。

前兩題都是指數單元的標準題，中上程度的同學都能輕易解決，但是要能將單一題目的解法，昇華成更一般的解題策略，才能長久不忘，而且能推廣成去解更多問題。

實例說明（高中指數單元）

解方程組：$\begin{cases} x + y = -2 \\ 3^{1-x} + 3^{2y} = 90 \end{cases}$

分析：

1. 第①式是多項式，第②式是指數式，有辦法讓它們變成相似的式子嗎？

2. 第①式 $x + y = -2 \Rightarrow 3^{x+y} = 3^{-2} \Rightarrow 3^x \times 3^y = \dfrac{1}{9}$

3. 令 $t = 3^x$，$s = 3^y$，則方程組變成：$\begin{cases} ts = \dfrac{1}{9} \\ \dfrac{3}{t} + s^2 = 90 \end{cases}$

　消去 t 得 $27s + s^2 = 90 \Rightarrow s = 3$，$-30$（$-30 < 0$ 不合）

　$\Rightarrow s = 3^y = 3 \Rightarrow y = 1$，$x = -2 - y = -3$

4. 也可以用另一個策略，因為第①式是一次式，可以直接代入第②式，消去一個未知數。

5. $x + y = -2 \Rightarrow x = -y - 2$ 代入第②式得：

　$3^{1-(-y-2)} + 3^{2y} = 90 \Rightarrow 3^{y+3} + 3^{2y} = 90$

　令 $t = 3^y$，則 $27t + t^2 = 90 \Rightarrow t^2 + 27t - 90 = 0$

　$\Rightarrow (t + 30)(t - 3) = 0 \Rightarrow t = -30$，$3$（$-30 < 0$ 不合）

　$\Rightarrow 3^y = 3 \Rightarrow y = 1$，$x = -y - 2 = -3$

不同的策略，自然會導向不同的解法。下一個實例也有不同的做法，甚至不同的策略也會導向相同的解法。

實例說明（高中指數、對數單元）

設 x，y 為實數，$53^x = 9$，$477^y = 243$，則 $\dfrac{2}{x} - \dfrac{5}{y} = $ ？

分析：

1. 這個題目通常在學到指數、還沒學對數時就會遇到，是個不容易思考的題目。

   看起來底數不同，可是仔細想想看，等號左邊的底數53、477有什麼關係？

   $477 = 53 \times 9 = 53 \times 3^2$，所以它們的底數只有53與3，而等式右邊的9、243底數

   也是3（$243 = 3^5$）。如果消去底數53，即變為同底，我們就可以有這樣的做法：

   $$\begin{cases} 53^x = 9 \\ 477^y = 243 \end{cases} \Rightarrow \begin{cases} 53 = 9^{\frac{1}{x}} \\ 477 = 243^{\frac{1}{y}} \end{cases} \Rightarrow \frac{53}{477} = \frac{9^{\frac{1}{x}}}{243^{\frac{1}{y}}}$$

   $$\Rightarrow \frac{1}{9} = \frac{9^{\frac{1}{x}}}{243^{\frac{1}{y}}}$$

   現在，等式兩邊可以化成同底數了：

   $$\Rightarrow 3^{-2} = \frac{3^{\frac{2}{x}}}{3^{\frac{5}{y}}} \Rightarrow 3^{-2} = 3^{\frac{2}{x}-\frac{5}{y}} \Rightarrow \frac{2}{x} - \frac{5}{y} = -2$$

2. 用不同的策略「任氏法則」：

   求解為 $\frac{2}{x} - \frac{5}{y}$，$x$、$y$ 出現在分母，所以我們也把已知裡的 x、y 變到分母：

   $$\begin{cases} 53^x = 9 \\ 477^y = 243 \end{cases} \Rightarrow \begin{cases} 53 = 9^{\frac{1}{x}} \\ 477 = 243^{\frac{1}{y}} \end{cases}$$

   求解裡是 $\frac{2}{x}$、$\frac{5}{y}$，所以我們把等號右邊的底數換成3：

   $$\Rightarrow \begin{cases} 53 = 3^{\frac{2}{x}} \\ 477 = 3^{\frac{5}{y}} \end{cases}$$

   求解裡是 $\frac{2}{x} - \frac{5}{y}$，所以我們把兩式相除：

$$\Rightarrow \quad \frac{3^{\frac{2}{x}}}{3^{\frac{5}{y}}} = \frac{53}{477} \quad \Rightarrow \quad 3^{\frac{2}{x}-\frac{5}{y}} = \frac{1}{9}$$

最後一步每個人都看得出來：

$$\Rightarrow \quad \frac{2}{x} - \frac{5}{y} = -2 \text{ 這個解法其實與上一種是相同的，但策略各有巧妙。}$$

3. 我最喜歡的解法是下面這個策略（需用到對數），因為它最單純：題目有兩個變數、兩個條件式，那麼解出 x、y 再代入求解式即可。解法如下：

$$53^x = 9 \quad \Rightarrow \quad x = \log_{53} 9$$

$$477^y = 243 \quad \Rightarrow \quad y = \log_{477} 243$$

所以

$$\frac{2}{x} - \frac{5}{y} = \frac{2}{\log_{53} 9} - \frac{5}{\log_{477} 243}$$

$$= 2\log_9 53 - 5\log_{243} 477 = \log_3 53 - \log_3 477$$

$$= \log_3 \frac{53}{477} = \log_3 \frac{1}{9} = -2$$

實例說明（高中指數單元）

解方程式 $(\sqrt{4+\sqrt{15}})^x + (\sqrt{4-\sqrt{15}})^x = 8$

分析：

1. 這題目常令學生迷惑，不過顯然還是指數問題，所以可先看一看是否同底數？
   看起來不同底，那麼還有什麼可以考慮的？

2. $4+\sqrt{15}$ 與 $4-\sqrt{15}$ 很特別，看到它們應該想到：

   $$(4+\sqrt{15})+(4-\sqrt{15})=8$$

   $$(4+\sqrt{15})(4-\sqrt{15})=4^2-(\sqrt{15})^2=1$$

   （這是一個有用的小策略）

3. 相乘等於 1，就是互為倒數，也就是 -1 次方。於是原方程式可以看成：

   $$(\sqrt{4+\sqrt{15}})^x+(\sqrt{4-\sqrt{15}})^x=8$$

   $$\Rightarrow \quad (\sqrt{4+\sqrt{15}})^x+(\sqrt{\frac{1}{4+\sqrt{15}}})^x=8$$

   $$\Rightarrow \quad (\sqrt{4+\sqrt{15}})^x+(\frac{1}{\sqrt{4+\sqrt{15}}})^x=8$$

   $$\Rightarrow \quad (\sqrt{4+\sqrt{15}})^x+(\sqrt{4+\sqrt{15}})^{-x}=8$$

   令 $t=(\sqrt{4+\sqrt{15}})^x$，則 $t+\dfrac{1}{t}=8 \Rightarrow t^2-8t+1=0$

   $$\Rightarrow t=4\pm\sqrt{15} \Rightarrow (\sqrt{4+\sqrt{15}})^x=4\pm\sqrt{15}$$

   $$\Rightarrow (4+\sqrt{15})^{\frac{x}{2}}=4+\sqrt{15} \text{ 或 } (4+\sqrt{15})^{-1} \Rightarrow x=\pm2$$

8-8　解題策略實例5：比大小問題

比大小是一個很有趣的問題，從小學到大學，總在不同的地方以不同的風貌出現。那些看似完全不同的解法，有沒有一些共同的想法或軌跡可循呢？這次讓我們一起去探索，建立一個解題策略，同時也看一看策略的產生、成長與應用。

先從簡單的看起：（國小）

1. $a = \dfrac{16}{23}$，$b = \dfrac{17}{23}$，則 a 與 b 哪一個比較大？

   在正數中，當分母相同，則分子越大，其值越大，故 $a < b$

2. $a = \dfrac{17}{22}$，$b = \dfrac{17}{23}$，則 a 與 b 哪一個比較大？

   在正數中，當分子相同，則分母越大，其值越小，故 $a > b$

這兩個問題太簡單了，把它們當成起始點，我們就有了一個簡單的策略：分數比大小時，分母相同就比分子；分子相同就比分母。

再看幾個艱深一點的問題，其中會用到一個簡單的性質：「當 a、$b > 0$ 時，$a > b \Leftrightarrow \sqrt{a} > \sqrt{b}$」。（國中）

3. $a = \dfrac{20}{13}$，$b = \dfrac{29}{19}$，則 a 與 b 哪一個比較大？

   最常見的方法：$a = \dfrac{20}{13} = \dfrac{380}{13 \times 19}$，$b = \dfrac{29}{19} = \dfrac{377}{19 \times 13}$，故 $a > b$

   也可以：$a = \dfrac{20}{13} = 1.538\cdots$，$b = \dfrac{29}{19} = 1.526\cdots$，故 $a > b$

也可以：$a = \dfrac{20}{13} = 1 + \dfrac{7}{13} = 1 + 0.5 + \dfrac{1}{26}$，

$\qquad\qquad b = \dfrac{29}{19} = 1 + \dfrac{10}{19} = 1 + 0.5 + \dfrac{1}{38}$，故 $a > b$

4. $a = \dfrac{2}{235}$，$b = \dfrac{3}{352}$，則 a 與 b 哪一個比較大？

$\quad a = \dfrac{2}{235} = \dfrac{2 \times 3}{705}$，$b = \dfrac{3}{352} = \dfrac{3 \times 2}{704}$，故 $a < b$

5. $a = \dfrac{98}{97}$，$b = \dfrac{99}{98}$，則 a 與 b 哪一個比較大？

$\quad a = \dfrac{98}{97} = 1 + \dfrac{1}{97}$，$b = \dfrac{99}{98} = 1 + \dfrac{1}{98}$，故 $a > b$

6. $a = \sqrt{226}$，$b = 15$，則 a 與 b 哪一個比較大？

$\quad a = \sqrt{226}$，$b = 15 = \sqrt{225}$，故 $a > b$

7. $a = 2 + \sqrt{37}$，$b = 8$，則 a 與 b 哪一個比較大？

$\quad$ 可以：$a = 2 + \sqrt{37} = 2 + 6.\cdots = 8.\cdots > b$，故 $a > b$

$\quad$ 也可以：$b = 8 = 2 + 6 = 2 + \sqrt{36} < 2 + \sqrt{37} = a$，故 $a > b$

　　看了這麼多例子，有些例子還刻意用了不同的方法，有沒有發現什麼共同的方式？如果還沒發現，再想一個問題：「請你拿起手邊兩枝不同廠牌的原子筆，比一比，哪一枝比較長？」大概大家都會這樣做：拿著兩枝筆，讓筆的下緣對齊，再看一看筆尖的高度，馬上就看出哪一枝比較長了。

　　現在回過頭想一想剛才的問題，第 3 題到第 7 題，與「原子筆比長短」的問題，都用了相同的方法：「先把一邊對齊（化成相同），再比較另一端（剩下唯一不同處）」。人在生活中多半比在數學上更聰明。

於是我們的策略變成：「盡量將兩數變成相同形式，而且大部分都相同，只剩一個數不同時，就能輕易分辨大小」。這樣的策略比前一個抽象，因此適用範圍更大，同時也包含了前一個策略。現在繼續做下面的問題：

8. $a = \sqrt{\dfrac{1}{56^2} + \dfrac{1}{65^2}}$ ，$b = \dfrac{1}{56} + \dfrac{1}{65}$ ，則 a 與 b 哪一個比較大？

$b = \dfrac{1}{56} + \dfrac{1}{65} = \sqrt{(\dfrac{1}{56} + \dfrac{1}{65})^2} = \sqrt{\dfrac{1}{56^2} + 2 \times \dfrac{1}{56} \times \dfrac{1}{65} + \dfrac{1}{65^2}}$ ，

故 $a < b$

9. $a = 0.\overline{393}$ ，$b = \dfrac{13}{33}$ ，則 a 與 b 哪一個比較大？

可以：$a = 0.\overline{393} = 0.3933\cdots$ ，$b = \dfrac{13}{33} = 0.3939\cdots$ ，故 $a < b$

也可以：$a = 0.\overline{393} = \dfrac{393}{999} = \dfrac{131}{333} = \dfrac{1441}{3 \times 111 \times 11}$ ，

$\quad\quad b = \dfrac{13}{33} = \dfrac{1443}{3 \times 11 \times 111}$ ，故 $a < b$

都化成小數可以比，都化成分數也可以比，重點是，要化成相同的形式，才容易比較。

10. $a = \dfrac{3 + \sqrt{5}}{2}$ ，$b = \dfrac{4 + \sqrt{15}}{3}$ ，則 a 與 b 哪一個比較大？

先化成同分母：$a = \dfrac{9 + 3\sqrt{5}}{6}$ ，$b = \dfrac{8 + 2\sqrt{15}}{6}$

分子都有8，$a = \dfrac{8 + (1 + 3\sqrt{5})}{6}$ ，$b = \dfrac{8 + (2\sqrt{15})}{6}$

b 的分子剩下的是一個根號，所以改變 a 的分子，讓它也只剩下一個根號：

$a = \dfrac{8 + \sqrt{(1 + 3\sqrt{5})^2}}{6} = \dfrac{8 + \sqrt{46 + 6\sqrt{5}}}{6}$ ，$b = \dfrac{8 + \sqrt{60}}{6}$

再比較根號裡的部分：$a = \dfrac{8+\sqrt{46+6\sqrt{5}}}{6}$ ， $b = \dfrac{8+\sqrt{46+14}}{6}$

再比較剩下的部分：$a = \dfrac{8+\sqrt{46+2\sqrt{45}}}{6}$ ， $b = \dfrac{8+\sqrt{46+2\sqrt{49}}}{6}$

故 $a < b$。

這樣好像有點麻煩，所以我們試著引進一個新辦法：

$$a-b = \frac{3+\sqrt{5}}{2} - \frac{4+\sqrt{15}}{3} = \frac{9+3\sqrt{5}-8-2\sqrt{15}}{6}$$

$$= \frac{(1+3\sqrt{5})-2\sqrt{15}}{6} = \frac{\sqrt{46+6\sqrt{5}}-\sqrt{60}}{6}$$

$$= \frac{\sqrt{46+6\sqrt{5}}-\sqrt{46+14}}{6} = \frac{\sqrt{46+2\sqrt{45}}-\sqrt{46+2\sqrt{49}}}{6} < 0$$

故 $a < b$。

兩種做法背後的意義相同，第二種方法只是減少重複騰抄那些已經相等的部分而已。

於是我們的策略加上一條：「用一個減去另一個，判斷結果的正負」。加上這個策略，過程寫起來稍微簡單一點。

繼續下面的問題之前，先確認一下已經了解幾個**指數的基本性質**：（高中第二冊）

(1) 「當 $a > 1$ 時，$x > y \Leftrightarrow a^x > a^y$」，大於1的數越乘越大，所以當 x 越大時，a^x 越大。例如：$3^7 > 3^5 > 3^{-2}$。

(2) 「當 $0 < a < 1$ 時，$x > y \Leftrightarrow a^x < a^y$」，小於1的正數越乘越小，所以當 x 越大時，a^x 越小。例如：$(\frac{2}{3})^5 < (\frac{2}{3})^2 < (\frac{2}{3})^{-3}$。

(3) 「當 $a > 0$，x、$y > 0$ 時，$x > y \Leftrightarrow x^a > y^a$」，大數乘起來比小數乘起來更大。

例如：$7^3 > 5^3 > (0.2)^3$。

(4) 「當 $a < 0$，x、$y > 0$ 時，$x > y \Leftrightarrow x^a < y^a$」，負的指數實際上變倒數，大數的倒數比小數的倒數更小。例如：$7^{-3} < 5^{-3} < (0.2)^{-3}$。

了解指數的性質之後，就會遇到下面的問題：

11. $a = 4^{77}$，$b = 8^{50}$，則 a 與 b 哪一個比較大？

$a = 4^{77} = (2^2)^{77} = 2^{154}$，$b = 8^{50} = (2^3)^{50} = 2^{150}$，故 $a > b$

12. $a = 3^{\sqrt{3}}$，$b = (\sqrt{3})^3$，則 a 與 b 哪一個比較大？

$b = (\sqrt{3})^3 = (3^{\frac{1}{2}})^3 = 3^{\frac{3}{2}} = 3^{\sqrt{\frac{9}{4}}}$，因為 $3 > \dfrac{9}{4}$，故 $a > b$

13. $a = 15^{38}$，$b = 6^{57}$，則 a 與 b 哪一個比較大？

$a = 15^{38} = (15^2)^{19} = 225^{19}$，$b = 6^{57} = (6^3)^{19} = 216^{19}$，故 $a > b$

14. $a = \sqrt[3]{10}$，$b = \sqrt{5}$，則 a 與 b 哪一個比較大？

$a = \sqrt[3]{10} = 10^{\frac{1}{3}} = (10^2)^{\frac{1}{6}} = 100^{\frac{1}{6}}$，$b = \sqrt{5} = 5^{\frac{1}{2}} = (5^3)^{\frac{1}{6}} = 125^{\frac{1}{6}}$，故 $a < b$

第 11 到 14 題是指數的比大小問題，其實用到的想法還是一樣，化成同底數或是化成同指數。

15. $a = 2^{100}$，$b = 3^{63}$，則 a 與 b 哪一個比較大？

這題的 a、b 很難化成同底數或同指數，原有策略似乎失效了，可是在指數的策略裡還有一招，可以取對數：

$\log a = \log 2^{100} = 100 \log 2 = 100 \times 0.3010 = 30.10$，

$\log b = \log 3^{63} = 63 \log 3 = 63 \times 0.4771 = 30.0573$，故 $a > b$

指數比大小的問題，要考慮比大小的策略，也要考慮指數的策略，所以「指數比大小」策略基本上就是「指數化簡」策略加上「比大小」策略。下面這一題算是常見的難題，很少學生能夠在第一次見到時，就能自己算出來。

16. a、$b > 0$且$2^a = 3^b$，試比較$2a$與$3b$的大小。

　　a、$b > 0$且$2^a = 3^b$，顯然$a > b$，但仍無法判斷$2a$、$3b$的大小。

　　求解裡是$2a$、$3b$，能不能將條件中的a、b變成$2a$、$3b$？

　　　$2^a = 3^b \Rightarrow 2^{6a} = 3^{6b} \Rightarrow (2^3)^{2a} = (3^2)^{3b} \Rightarrow 8^{2a} = 9^{3b}$，

　　因為$2a$、$3b > 0$且$8^{2a} = 9^{3b}$，所以$2a > 3b$。

　　這題也可以這樣想：既然不同底，就取對數試試看：

　　　$2^a = 3^b \Rightarrow \log 2^a = \log 3^b \Rightarrow a\log 2 = b\log 3$

　　　$\Rightarrow \dfrac{a}{b} = \dfrac{\log 3}{\log 2} \Rightarrow \dfrac{2a}{3b} = \dfrac{2\log 3}{3\log 2}$，而$\dfrac{2\log 3}{3\log 2} = \dfrac{\log 9}{\log 8} > 1$

　　又a、$b > 0$，所以$2a > 3b$。

　　兩種方法各有巧妙之處，其實是利用不同的策略，自然衍生出不同的做法。越複雜的題目解法越多，只要方向對，策略合宜，做下去都會得到答案。

　　高中還有對數、三角函數，它們也有比大小的問題，各有一些變化，但「比大小」的原則是不變的。

　　最後兩個例子，第17題是平面幾何的證明，第18題是極限題目中用到的一個不等式。欣賞一下，是否能嗅出相同的味道？

17. △ABC中，若$\overline{AC} > \overline{AB}$，試證：$\angle B > \angle C$。

證明：如圖，

在$\overline{AC}$上取一點D使得$\overline{AD} = \overline{AB}$，

則$\angle ABD = \angle ADB$

$\angle B = \angle ABD + \angle DBC > \angle ABD = \angle ADB$

$\angle C = \angle ADB - \angle DBC < \angle ADB$，故$\angle B > \angle C$

18. n為自然數，試證：

$$\frac{1}{\sqrt{n^2+1}} + \frac{1}{\sqrt{n^2+2}} + \frac{1}{\sqrt{n^2+3}} + \cdots + \frac{1}{\sqrt{n^2+n}} < 1$$

證明：$1 = \dfrac{1}{n} + \dfrac{1}{n} + \cdots + \dfrac{1}{n} = \dfrac{1}{\sqrt{n^2}} + \dfrac{1}{\sqrt{n^2}} + \cdots + \dfrac{1}{\sqrt{n^2}}$（共$n$項）

$$> \frac{1}{\sqrt{n^2+1}} + \frac{1}{\sqrt{n^2+2}} + \frac{1}{\sqrt{n^2+3}} + \cdots + \frac{1}{\sqrt{n^2+n}}$$

8-9　　解題策略實例6：算幾不等式

　　接觸新的單元，一旦開始建立自己的解題策略，就表示可以自己思考解題，也能夠解出一些沒見過的題目。當然這不表示能解決所有問題，還要再繼續做更多有變化的題目，根據題目再不斷擴充或修正自己的解題策略。隨著解題策略的更加完美，我們也能夠解出更多的題目。

　　每一個解題高手，都有自己的解題策略，每個人的解題策略都會隨著自己的經驗而成長，彼此間會有小差異，但都能解決問題。所以越是難題，就會有越多不同的解法。

在8-8節裡我們看到,「比大小策略」會隨著學習新單元而逐漸擴大適用範圍。下面的例子是算幾不等式;你可以清楚看到,在同一個單元中,當題目越來越難,解題策略也隨之一步一步修正。

「算幾不等式」是高中數學裡一個變化多端的部分,沒學過的同學,可以一邊學習,一邊了解如何從初始的簡單策略,經過不斷擴充,成為有效的解題策略。尤其希望大家能了解其間的歷程;萬丈高樓平地起,別再只想著「背下好的解題策略」,否則就會再度迷失自己。

先從定理本身著手吧,這定理也有深淺不同的層次。

算幾不等式 1

任意 a , $b \geq 0$,則不等式 $\dfrac{a+b}{2} \geq \sqrt{ab}$ 恆成立,

其中等號成立的充要條件為 $a = b$。

證明:

$$(\frac{a+b}{2})^2 - (\sqrt{ab})^2 = \frac{a^2 + 2ab + b^2}{4} - ab = \frac{a^2 - 2ab + b^2}{4}$$

$$= (\frac{a-b}{2})^2 \geq 0 \quad \Rightarrow \quad (\frac{a+b}{2})^2 \geq (\sqrt{ab})^2$$

又 $\dfrac{a+b}{2} \geq 0$, $\sqrt{ab} \geq 0$,所以 $\dfrac{a+b}{2} \geq \sqrt{ab}$

等號成立時, $(\dfrac{a-b}{2})^2 = 0 \iff a = b$

　　算術平均數就是幾個數的和除以個數，如果五次得分為 88、89、95、91、89，則平均分數為 $\frac{88+89+95+91+89}{5}=90.4$；精確的定義是：「$a_1$，$a_2$，$\cdots$，$a_n$ 的算術平均數為 $\frac{a_1+a_2+\cdots+a_n}{n}$」。

　　幾何平均數的意義較難。如果一家公司的營業額第一年成長 1.5 倍，第二年成長 2 倍，那麼兩年合起來一共成長了 $1.5\times2=3$ 倍，請問這家公司的營業額每年平均成長幾倍？應該是 $\sqrt{1.5\times2}=\sqrt{3}$ 倍，也就是如果營業額每年成長 $\sqrt{3}$ 倍，則兩年合起來也是成長了 3 倍，幾何平均數的意義就是這樣。精確的定義是：「已知 a_1，a_2，$\cdots$，$a_n>0$，則它們的幾何平均數為 $\sqrt[n]{a_1\cdot a_2\cdots a_n}$」。

　　那麼，**算幾不等式**可以這樣記：**任意兩個正數的算術平均數，大於等於它們的幾何平均數。**

　　證明的方式，正是不等式最基本的想法：「大的一邊減去小的一邊再配平方」。其中又要利用到簡化求證的技巧，因為根號比較不容易處理，所以要將 $\frac{a+b}{2}\geq\sqrt{ab}$ 轉換成 $(\frac{a+b}{2})^2\geq ab$。

基本練習 1

若 x，$y>0$ 且 $x+y=10$，試求 xy 的最大值。

解：

因為 x，$y>0$，由算幾不等式

$$\frac{x+y}{2} \geq \sqrt{xy} \ \Rightarrow \ 5 \geq \sqrt{xy} \ \Rightarrow \ xy \leq 25$$

等號成立時，$x = y = 5$，所以 xy 的最大值為 25

千萬記得，看這些基本練習時，一定要將推論看清楚，也要想一想題目的結果和意義。

我們把這個題目的意義再看清楚一點。滿足 $x , y > 0$ 而且 $x + y = 10$ 的 x , y 很多，或者說 x , y 不固定，當然 xy 也不會固定，xy 可以為 $6 \times 4 = 24$、$3 \times 7 = 21$、$5 \times 5 = 25$、$1 \times 9 = 9$，也可以為 $2.4 \times 7.6 = 18.24$ 等等，那麼這些不同的 xy 之中，哪一個最大？這題算出來「當 $x = y = 5$ 時，xy 最大，是 25」。

基本練習 2

若 $x , y > 0$ 且 $xy = 16$，試求 $x + y$ 的最小值。

解：

因為 $x , y > 0$，由算幾不等式

$$\frac{x+y}{2} \geq \sqrt{xy} \ \Rightarrow \ \frac{x+y}{2} \geq \sqrt{16} \ \Rightarrow \ x + y \geq 8$$

等號成立時，$x = y = 4$，所以 $x + y$ 的最小值為 8

基本練習 3

若 $a , b > 0$，試證明：$(a+b)(\dfrac{1}{a}+\dfrac{1}{b}) \geq 4$。

解：

因為 $a , b , \dfrac{1}{a} , \dfrac{1}{b} > 0$，由算幾不等式

$\dfrac{a+b}{2} \geq \sqrt{ab}$ 且 $\dfrac{1}{2}(\dfrac{1}{a}+\dfrac{1}{b}) \geq \sqrt{\dfrac{1}{a} \times \dfrac{1}{b}}$

兩式相乘得 $\dfrac{1}{4}(a+b)(\dfrac{1}{a}+\dfrac{1}{b}) \geq \sqrt{ab}\sqrt{\dfrac{1}{a} \times \dfrac{1}{b}}$

$\Rightarrow \quad \dfrac{1}{4}(a+b)(\dfrac{1}{a}+\dfrac{1}{b}) \geq 1 \quad \Rightarrow \quad (a+b)(\dfrac{1}{a}+\dfrac{1}{b}) \geq 4$

看過三個基本練習後，該想一想有些什麼結論。

算幾不等式可以用來求極值、證明不等式。其實各個不等式主要都是用來解這兩類的題目，高中還會學到柯西不等式，用途也類似。

反過來看，求極值與證明不等式的方法非常多，算幾不等式只是其中一種。那麼，哪些情況下，我們應該要用算幾不等式呢？從剛才的三個基本練習和定理本身，可以得知：

(1) 變數都是正數，否則算幾不等式不能用。

(2) 相加為定值的時候，是求相乘的最大值。

(3) 相乘為定值的時候，是求相加的最小值。

　　這是我剛學算幾不等式時，所歸納出來的解題策略，可是做了越來越多的題目之後，我就必須不斷修改策略。

　　在看變化題之前，我們先將定理推廣一下，就會有更廣的運用空間了。

算幾不等式2

任意 a , b , c , $d \geq 0$，則不等式 $\dfrac{a+b+c+d}{4} \geq \sqrt[4]{abcd}$ 恆成立，

其中等號成立的充要條件為 $a=b=c=d$。

證明：

因為 a , b , c , $d \geq 0$，由前一定理可知：

$\dfrac{a+b}{2} \geq \sqrt{ab}$ 且 $\dfrac{c+d}{2} \geq \sqrt{cd}$，兩式相加得：

$\dfrac{a+b}{2} + \dfrac{c+d}{2} \geq \sqrt{ab} + \sqrt{cd}$ ……(1)

又 $\sqrt{ab}$, $\sqrt{cd} \geq 0 \Rightarrow \dfrac{\sqrt{ab} + \sqrt{cd}}{2} \geq \sqrt{\sqrt{ab} \cdot \sqrt{cd}}$

代入(1)式得：

$\dfrac{a+b}{2} + \dfrac{c+d}{2} \geq \sqrt{ab} + \sqrt{cd} \geq 2\sqrt{\sqrt{ab} \cdot \sqrt{cd}}$

$\quad \Rightarrow \dfrac{a+b+c+d}{4} \geq \sqrt{\sqrt{ab}\sqrt{cd}} = \sqrt[4]{abcd}$

等號成立時，$a=b$ 且 $c=d$ 且 $\sqrt{ab} = \sqrt{cd}$

$\quad \Leftrightarrow a=b=c=d$

算幾不等式 3（高中）

任意 $a , b , c \geq 0$，則不等式 $\dfrac{a+b+c}{3} \geq \sqrt[3]{abc}$ 恆成立，

其中等號成立的充要條件為 $a = b = c$。

證明：

$a , b , c \geq 0 \Rightarrow \dfrac{a+b+c}{3} \geq 0$，由前一定理可知：

$$\dfrac{a+b+c+\dfrac{a+b+c}{3}}{4} \geq \sqrt[4]{abc\left(\dfrac{a+b+c}{3}\right)}$$

$$\Rightarrow \dfrac{a+b+c}{3} \geq \sqrt[4]{abc\left(\dfrac{a+b+c}{3}\right)}$$

$$\Rightarrow \left(\dfrac{a+b+c}{3}\right)^4 \geq abc\left(\dfrac{a+b+c}{3}\right)$$

$$\Rightarrow \left(\dfrac{a+b+c}{3}\right)^3 \geq abc$$

$$\Rightarrow \dfrac{a+b+c}{3} \geq \sqrt[3]{abc}$$

等號成立時，$a = b = c = \dfrac{a+b+c}{3} \Leftrightarrow a = b = c$

算幾不等式（一般形式）

任意 $a_1 , a_2 , a_3 , \cdots , a_n \geq 0$，則不等式

$$\frac{a_1 + a_2 + a_3 + \cdots + a_n}{n} \geq \sqrt[n]{a_1 a_2 a_3 \cdots a_n} \quad \text{恆成立，}$$

等號成立時，$a_1 = a_2 = a_3 = \cdots = a_n$。

這是定理的繼續推廣，變成「任意多個正數的算術平均數大於等於它們的幾何平均數」。最後的這個一般形式，證明起來比較複雜，有興趣的同學可以自行查閱課本或相關書籍。

接下來再看幾題標準題吧。這幾題只是將算幾不等式推廣成多個變數的型態，也增加一點小變化，切記，還是要將推論的合理性看清楚。你也可以依據前面所提的解題策略，試試看能不能自己解出來。

標準題 1

若 $x , y , z > 0$ 且 $x + y + 2z = 24$，試求 xyz 的最大值。

解：

因為 x , y , $2z > 0$，由算幾不等式

$$\frac{x+y+2z}{3} \geq \sqrt[3]{x \cdot y \cdot 2z} \;\Rightarrow\; 8 \geq \sqrt[3]{2xyz}$$

$$\Rightarrow\; 2xyz \leq 512 \;\Rightarrow\; xyz \leq 256$$

等號成立時，$x = y = 2z$ 且 $x + y + 2z = 24$

$$\Leftrightarrow\; x = y = 8 \,,\; z = 4$$

所以 xyz 的最大值為 256

標準題 2

若 x , y , $z > 0$ 且 $xyz = 36$，試求 $2x + 3y + z$ 的最小值。

解：

因為 $2x$, $3y$, $z > 0$，由算幾不等式

$$\frac{2x+3y+z}{3} \geq \sqrt[3]{2x \cdot 3y \cdot z} \;\Rightarrow\; 2x + 3y + z \geq 3\sqrt[3]{6xyz}$$

$$\Rightarrow\; 2x + 3y + z \geq 18$$

等號成立時，$2x = 3y = z$ 且 $xyz = 36$

$$\Leftrightarrow\; x = 3 \,,\; y = 2 \,,\; z = 6$$

所以 $2x + 3y + z$ 的最小值為 18

標準題3

若 $a , b , c > 0$，試證明 $a^3 + b^3 + c^3 \geq 3abc$。

解：

因為 $a^3 , b^3 , c^3 > 0$，由算幾不等式

$$\frac{a^3 + b^3 + c^3}{3} \geq \sqrt[3]{a^3 \cdot b^3 \cdot c^3} \quad \Rightarrow \quad \frac{a^3 + b^3 + c^3}{3} \geq abc$$

$$\Rightarrow \quad a^3 + b^3 + c^3 \geq 3abc$$

雖然題目變了，可是我們的解題策略依然有效，只是變數的個數可以多幾個。

接下來的是一些思考題，這些題目第一次遇到時很難做出，同學們請先試著做，做不出來再看「思路」裡的提示，再做不出來才看解答。不論是自己做的，或是看解答才會的，做完後都要想一想，你的解題策略是否需要稍微修正一些？

思考題1

若 $x , y > 0$ 且 $x + 3y = 12$，試求 xy^3 的最大值。

思路：

$x , y > 0$，$x + 3y$ 是相加，xy^3 是相乘，

可是 x , $3y$ 相乘不是 xy^3，能不能做一些調整呢？

解：

因為 x , $y > 0$，由算幾不等式

$$\frac{x+y+y+y}{4} \geq \sqrt[4]{x \cdot y \cdot y \cdot y} \ \Rightarrow \ x + 3y \geq 4\sqrt[4]{xy^3}$$

$$\Rightarrow \ 12 \geq 4\sqrt[4]{xy^3} \ \Rightarrow \ 3 \geq \sqrt[4]{xy^3} \ \Rightarrow \ xy^3 \leq 81$$

等號成立時，$x = y$ 且 $x + 3y = 12 \ \Leftrightarrow \ x = y = 3$

所以 xy^3 的最大值為 81

這樣的技巧需要學會。在拆解的過程中，如果像這樣做，會出現問題：

$$\frac{x+2y+\frac{y}{2}+\frac{y}{2}}{4} \geq \sqrt[4]{x \cdot 2y \cdot \frac{y}{2} \cdot \frac{y}{2}} \ \Rightarrow \ x + 3y \geq 4\sqrt[4]{\frac{xy^3}{2}}$$

$$\Rightarrow \ 12 \geq 4\sqrt[4]{\frac{xy^3}{2}} \ \Rightarrow \ 3 \geq \sqrt[4]{\frac{xy^3}{2}} \ \Rightarrow \ xy^3 \leq 162$$

因為等號成立時，

$$x = 2y = \frac{y}{2} = \frac{y}{2} \ \text{且} \ x + 3y = 12 \ \Rightarrow \ x , y \text{無解}$$

這表示 $xy^3 \leq 162$ 雖然是對的，但等號不可能成立，所以 162 不是最大值。

思考題 2

若 x , $y > 0$ 且 $xy^2 = 32$，試求 $x + y$ 的最小值。

思路：

$x , y > 0$，$x + y$ 是相加，xy^2 是相乘，

可是 x , y 相乘不是 xy^2，有了上一題的經驗，你能不能做調整呢？

解：

因為 $x , y > 0$，由算幾不等式

$$\frac{x + \frac{y}{2} + \frac{y}{2}}{3} \geq \sqrt[3]{x \cdot \frac{y}{2} \cdot \frac{y}{2}} \;\Rightarrow\; x + y \geq 3\sqrt[3]{\frac{xy^2}{4}}$$

$$\Rightarrow\; x + y \geq 6$$

等號成立時，$x = \frac{y}{2}$ 且 $xy^2 = 32 \;\Leftrightarrow\; x = 2 , y = 4$

所以 $x + y$ 的最小值為 6

經過這樣的問題，我將策略做了一些修正：

(1) 變數都是正數，否則算幾不等式不能用。

(2) 求相加的最小值或相乘的最大值。

(3) 已知與求解能夠「出現相加、相乘的關係」。

第 **(3)** 點裡的「出現相加、相乘的關係」，是指當你把已知與求解的其中一個看成相加（或相乘），則相乘（或相加）就會出現在另一個上面。例如剛才的題目，把 $x + y$ $= x + \frac{y}{2} + \frac{y}{2}$ 看成相加，則相乘 $x \cdot \frac{y}{2} \cdot \frac{y}{2} = \frac{xy^2}{4}$ 就會出現 xy^2。這樣就能看到更多用法了。

思考題3

若 $x > 0$，試求 $x + \dfrac{4}{x}$ 的最小值。

思路：

x，$\dfrac{4}{x} > 0$，相加求最小值，可是沒看到相乘的式子。

將 $\dfrac{4}{x}$ 看成 y，題目就像「$xy = 4$，求 $x + y$ 最小值」。

解：

因為 $x > 0$，由算幾不等式

$$\dfrac{x + \dfrac{4}{x}}{2} \geq \sqrt{x \cdot \dfrac{4}{x}} \;\Rightarrow\; x + \dfrac{4}{x} \geq 2\sqrt{4} \;\Rightarrow\; x + \dfrac{4}{x} \geq 4$$

等號成立時，$x = \dfrac{4}{x}$ 且 $x > 0 \;\Leftrightarrow\; x = 2$

所以 $x + \dfrac{4}{x}$ 的最小值為 4

　　思考題3是求「相加的最小值」但沒有「相乘為定值」，必須自行發現。仔細想清楚後，也許下一題就能迎刃而解了。

思考題 4

若 $2 < x < 8$，試求 $(8-x)(x-2)^2$ 的最大值。

思路：

$2 < x < 8 \Rightarrow 8-x > 0$，$x-2 > 0$，相乘求最大值，

但 $(8-x)+(x-2) = 6$，題目就像「$x+y=6$，求 xy^2 最大值」。

解：

因為 $8-x > 0$，$x-2 > 0$，由算幾不等式

$$\frac{(8-x)+\dfrac{x-2}{2}+\dfrac{x-2}{2}}{3} \geq \sqrt[3]{(8-x)\cdot\frac{x-2}{2}\cdot\frac{x-2}{2}}$$

$$\Rightarrow \quad 2 \geq \sqrt[3]{\frac{(8-x)(x-2)^2}{4}} \quad \Rightarrow \quad 8 \geq \frac{(8-x)(x-2)^2}{4}$$

$$\Rightarrow \quad (8-x)(x-2)^2 \leq 32$$

等號成立時，$8-x = \dfrac{x-2}{2} \Leftrightarrow x = 6$

所以 $(8-x)(x-2)^2$ 的最大值為 32

做了這兩道題目，是不是又有新的體驗了？

(1) 變數都是正數，否則算幾不等式不能用。

(2) 求相加的最小值時，找尋「相乘為定值」的式子。

(3) 求相乘的最大值時，找尋「相加為定值」的式子。

現在策略的使用範圍又擴大了，不一定要有那個條件式，而是「要去找到」那個條件式。

思考題 5

若 $a , b > 0$ 且 $\dfrac{2}{a} + \dfrac{3}{b} = 1$，試求 ab 的最小值。

思路：

$\dfrac{2}{a} + \dfrac{3}{b} = 1$，考慮 $\dfrac{2}{a} \times \dfrac{3}{b} = \dfrac{6}{ab}$ 會出現 ab。

解：

因為 $a , b > 0 \Rightarrow \dfrac{2}{a} , \dfrac{3}{b} > 0$，由算幾不等式

$$\dfrac{\frac{2}{a} + \frac{3}{b}}{2} \geq \sqrt{\dfrac{2}{a} \times \dfrac{3}{b}} \Rightarrow \dfrac{1}{2} \geq \sqrt{\dfrac{6}{ab}} \Rightarrow \dfrac{1}{4} \geq \dfrac{6}{ab} \Rightarrow ab \geq 24$$

等號成立時，$\dfrac{2}{a} = \dfrac{3}{b}$ 且 $\dfrac{2}{a} + \dfrac{3}{b} = 1 \Leftrightarrow a = 4 , b = 6$

所以 ab 的最小值為 24

思考題 5 是求 ab 的最小值，變成「相乘的最小值」。

思考題6

若 $x < 0$，試求 $9x + \dfrac{1}{4x}$ 的最大值。

思路：

$9x$，$\dfrac{1}{4x} < 0$，相加求最大值，好像都怪怪的。

解：

因為 $-9x$，$-\dfrac{1}{4x} > 0$，由算幾不等式

$$\frac{(-9x) + (-\frac{1}{4x})}{2} \geq \sqrt{(-9x)(-\frac{1}{4x})} \quad \Rightarrow \quad -\frac{1}{2}(9x + \frac{1}{4x}) \geq \sqrt{\frac{9}{4}}$$

$$\Rightarrow \quad -(9x + \frac{1}{4x}) \geq 3 \quad \Rightarrow \quad 9x + \frac{1}{4x} \leq -3$$

等號成立時，$-9x = -\dfrac{1}{4x}$ 且 $x < 0 \Leftrightarrow x = -\dfrac{1}{6}$

所以 $9x + \dfrac{1}{4x}$ 的最大值為 -3

　　思考題6中，變數都小於0，似乎也違反了原有的策略。再看看下一題，考慮我們的策略該怎麼修正？

思考題 7

若 $2 < x < 8$，試求 $(x-8)(x-2)^2$ 的最小值。

思路：

$x - 8 < 0$，相乘求最小值，好像都怪怪的，有了前一題的經驗，
想想看吧。

解：

由於 $(x-8)(x-2)^2 = -(8-x)(x-2)^2$

則依**思考題 4** 可得 $(8-x)(x-2)^2 \leq 32$

$\Rightarrow (x-8)(x-2)^2 \geq -32$，最小值 -32

於是，我的解題策略又做了重大補充：

(1) 原則上，變數都是正數，適用於相加求最小值或相乘求最大值。但也可能經過變形，才成為前述情形，當變數都是負數時，反而是相加求最大值；例如：求 $x + y$ 最大值，可變形成求 $(-x) + (-y)$ 最小值；求 xy 最小值，可變形成求 $x(-y)$ 或 $\dfrac{1}{xy}$ 的最大值。

(2) 求相加的最小值時，找尋「相乘為定值」的式子。

(3) 求相乘的最大值時，找尋「相加為定值」的式子。

　　這已經接近我目前的解題策略了，這樣的策略是經歷各種題目演化而成的，如果只想背下它，一定無用。如果先了解它，再做過很多題目去體會，這策略才可能逐漸變成自己的有用策略。

　　策略只是個工具，運用工具的純熟度，要比工具本身的優劣更重要。下面的題目可以用來進一步熟練這個策略，有幾題是前面題目的變形，如果前面的題目想清楚了，就有機會自行解出。

思考題8

若 $x > 2$，試求 $x + \dfrac{4}{x-2}$ 的最小值。

思路：

這題與「求 $x + \dfrac{4}{x}$ 的最小值」有點像。

求 $x + \dfrac{4}{x-2}$ 的最小值，而且 x, $\dfrac{4}{x-2} > 0$，但 $x \times \dfrac{4}{x-2}$ 不為定值，

怎樣調整一下？

解：

因為 $x - 2 > 0$，由算幾不等式

$$\frac{(x-2) + \frac{4}{x-2}}{2} \geq \sqrt{(x-2) \cdot \frac{4}{x-2}} \quad \Rightarrow \quad \frac{x + \frac{4}{x-2} - 2}{2} \geq 2$$

$$\Rightarrow \quad x + \frac{4}{x-2} - 2 \geq 4 \quad \Rightarrow \quad x + \frac{4}{x-2} \geq 6$$

等號成立時，$x - 2 = \dfrac{4}{x-2}$ 且 $x > 2$ $\Leftrightarrow$ $x = 4$

所以 $x + \dfrac{4}{x-2}$ 的最小值為 6。

這是**思考題3**的變形。

思考題 9

若 x , y 為實數，$x + 2y = 6$，試求 $2^x + 4^y$ 的最小值。

思路：

$x + 2y = 6$ 和 $2^x + 4^y$ 好像沒什麼關係，反正相加求最小值，

試試相乘 $2^x \times 4^y = ?$

解：

因為 2^x、$4^y > 0$，由算幾不等式

$$\frac{2^x + 4^y}{2} \geq \sqrt{2^x \cdot 4^y} \ \Rightarrow\ 2^x + 4^y \geq 2\sqrt{2^x \cdot 2^{2y}}$$

$$\Rightarrow\ 2^x + 4^y \geq 2\sqrt{2^{x+2y}} \ \Rightarrow\ 2^x + 4^y \geq 2\sqrt{2^6}$$

$$\Rightarrow\ 2^x + 4^y \geq 16$$

等號成立時，$2^x = 4^y$ 且 $x + 2y = 6$ $\Leftrightarrow$ $x = 3$，$y = \dfrac{3}{2}$

所以 $2^x + 4^y$ 的最小值為 16。

　　思考題9是一個指數的問題，也可以由指數的策略切入，因為 $x + 2y = 6$ 是個多項式，與求解 $2^x + 4^y$ 很不搭調，

$$x + 2y = 6 \ \Rightarrow\ 2^{x+2y} = 2^6 \ \Rightarrow\ 2^x \cdot 2^{2y} = 64 \ \Rightarrow\ 2^x \cdot 4^y = 64$$

與 $2^x + 4^y$ 一起考慮，就變成 $AB = 64$，求 $A + B$ 的最小值。

思考題 10

　　若 x , y 為實數，$x + 2y = 6$，試求 xy 的最大值。

思路：

x , $2y$ 不再為正數，還可以怎麼辦？

解1：

因為 $x + 2y = 6 > 0$，則 x , $2y$ 只可能都為正，或一正一負，或一正一為0。

但若 x , $2y$ 一正一負或一正一為0時，$xy \le 0$，而當 x , $2y$ 都為正時，$xy > 0$，故只需考慮 x , $y > 0$ 的情形即可。

當 x , $y > 0$ 時，$\dfrac{x + 2y}{2} \ge \sqrt{x \cdot 2y} \ \Rightarrow\ 3 \ge \sqrt{2xy}$

　$\Rightarrow xy \le \dfrac{9}{2}$

等號成立時，$x = 2y$ 且 $x + 2y = 6 \ \Leftrightarrow\ x = 3$, $y = \dfrac{3}{2}$

所以 xy 的最大值為 $\dfrac{9}{2}$。

解2：

$x + 2y = 6 \implies x = 6 - 2y$ 代入 xy 得

$$xy = (6 - 2y)y = -2y^2 + 6y = -2(y - \frac{3}{2})^2 + \frac{9}{2}$$

所以當 $y = \frac{3}{2}$ 時，$x = 3$，而 xy 的最大值為 $\frac{9}{2}$。

思考題 10 中，可以經由討論，排除 $x \le 0$ 或 $y \le 0$ 情形。解2是利用5-6節所講的基本策略，也可以輕鬆解出。

看完這一系列的問題與策略，也許有同學會覺得，建立策略與運用策略解題，是挺花腦筋的。對！想學好數學，就必須這樣；反過來說，如果不這樣體會解法，有可能明明做了50題，再經過一段時間，就只「記得」兩三題，更別說沒見過的題目了。

後面還有三題，已超出一般高中範圍，難度接近競賽題的水準，有興趣的同學可以看一看。重點是要了解到，沒有所謂的「完整的解題策略」。在高中範圍裡，我們只要有足夠的策略去解題就夠了。

思考題 11

若 $\triangle ABC$ 的三邊長為 a , b , c，試證：
$$(a + b + c)^3 \ge 27(a + b - c)(b + c - a)(c + a - b)$$

思路：

三角形三邊長都是正的，而且兩邊和大於第三邊，

表示 a , b , c , $a+b-c$, $b+c-a$, $c+a-b>0$；

求證的不等式中，大的一邊（左式）不像相加，小的一邊（右式）卻像

相乘，那麼，可不可以從右式考慮 $(a+b-c)+(b+c-a)+(c+a-b)=$?

相加之後剛好是 $a+b+c$，而且左式恰好也有它。

解：

因為 $a+b-c$, $b+c-a$, $c+a-b>0$，由算幾不等式

$$\frac{(a+b-c)+(b+c-a)+(c+a-b)}{3} \geq \sqrt[3]{(a+b-c)(b+c-a)(c+a-b)}$$

$$\Rightarrow \frac{a+b+c}{3} \geq \sqrt[3]{(a+b-c)(b+c-a)(c+a-b)}$$

$$\Rightarrow a+b+c \geq 3\sqrt[3]{(a+b-c)(b+c-a)(c+a-b)}$$

$$\Rightarrow (a+b+c)^3 \geq 27(a+b-c)(b+c-a)(c+a-b)$$

思考題 12

若 $\triangle ABC$ 的三邊長為 a , b , c，試證：

$$abc \geq (a+b-c)(b+c-a)(c+a-b)$$

思路：

類似上題，$a , b , c , a+b-c , b+c-a , c+a-b > 0$

可是左邊沒有 $a+b+c$，怎麼辦？

如果右邊只用兩個相加：$(a+b-c)+(b+c-a)=2b$

左邊有 b，如何利用呢？

解：

因為 $a+b-c , b+c-a , c+a-b > 0$，由算幾不等式

$$\frac{(a+b-c)+(b+c-a)}{2} \geq \sqrt{(a+b-c)(b+c-a)}$$

$$\Rightarrow b \geq \sqrt{(a+b-c)(b+c-a)} \cdots\cdots(1)$$

同理，$c \geq \sqrt{(b+c-a)(c+a-b)} \cdots\cdots(2)$

$$a \geq \sqrt{(c+a-b)(a+b-c)} \cdots\cdots(3)$$

(1)(2)(3)式相乘得 $abc \geq (a+b-c)(b+c-a)(c+a-b)$

　　我發現相乘的一邊，除了檢查它們全部的和，也可以只考慮它們部分的和。「相加、相乘的關係」內含很多種可能。

思考題 13

若 n 為自然數，試證：$n! \leq (\frac{n+1}{2})^n$；

其中 $n! = n(n-1)(n-2)\cdots \times 3 \times 2 \times 1$。

思路：

這題最大的麻煩是讓人想用數學歸納法去解，不是不行，只是很難。

現在請朝算幾不等式的方向去想：

$n! \leq (\frac{n+1}{2})^n \Leftrightarrow \sqrt[n]{n!} \leq \frac{n+1}{2}$ ，這樣就有點像了。

解：

由算幾不等式，$\dfrac{1+2+\cdots+n}{n} \geq \sqrt[n]{1\times 2\times \cdots \times n}$

$\Rightarrow \dfrac{\frac{n(n+1)}{2}}{n} \geq \sqrt[n]{n!} \Rightarrow \dfrac{n+1}{2} \geq \sqrt[n]{n!} \Rightarrow n! \leq (\frac{n+1}{2})^n$

經過更多的題目，我的策略裡又多了一條：

(4) 含 n 的不等式中，大的一側有 n 次方時，也可以試著將 n 次方移到另一側
變成 n 次方根，就有機會利用算幾不等式。

8-10　要建立自己的解題策略

對於我而言，學數學時真正學的是定義、定理與策略，還有面對數學時的精確態度。很多的題目只是在磨練自己對於定義、定理的深入理解，以及解題策略的精進。關於解題策略，還要提醒大家注意幾件事：

1. 幾個較小的策略，常常組成較大的策略，策略的形成原則上是由小而大、循序漸進的，較小的策略足夠熟練後，就容易形成較大的策略。**沒有小策略，大策略是學不會的。**

2. **既有的一些較大策略，在你學習新的單元時，很容易形成相應的較小策略。**這些都是我們的本能，就好比一位優秀的中餐廳經理轉任為西餐廳的經理時，他一定會運用原本的管理方式，再依照西餐廳的特性做調整，成為新的管理方式，可是真的做了以後，還可能發現缺失，然後再不斷修改，之後就會成為優秀的西餐廳經理。

3. **解題策略是一直不斷成長的**，在一個新單元的學習裡，我們從基本題裡建立小策略，而在做標準題時漸漸形成中策略，繼續在標準題或思考題裡修正，甚至慢慢形成大策略。做更多的題目，會使自己的策略更成熟，也運用得更順手。這些過程也都是循序漸進的。

4. **每個人應該要建立自己的解題策略，最好是自己根據經驗思考出來的結論。**當然也可以從老師或同學身上得到，但如果未經自己思考、運用，就無法變成自己能使用的。我在上課解題時，總會告訴學生該怎麼去想，如何從題目中找到解題契機，我知道很多老師都會這樣做，可是學生吸收到了嗎？有的學生從中了解解題過程，加入到自己的解題策略裡；有的學生卻只有聽聽而已，不知道要如何吸收。

5. 解題策略的主要來源是解題經驗，但是經驗不一定會產生策略，**經驗要加上思考，才能產生策略**，所以有的學生拚命做題目卻學不好，差別就在此。牛頓被蘋果砸到後，發現了萬有引力的道理，如果我被砸到，只會發現蘋果很好吃。

6. 解題策略幫助我們找出解題的契機，但是不保證找出最佳或最快的解法。有時我們找到辛苦的算法，卻發現別人的解法比較簡單，就該試著將別人解法中的想法找出來，再融入自己的策略中。越完整的策略，越能解出更多的題目，也讓我們發現越多不同的解法，並且可以從中找出簡潔的解法。

7. 有的範圍中，可以只用一種策略解決所有的問題，但是部分題目做起來很麻煩；也可以用多種策略交互運用，使各類問題都能簡單解出。有人不怕麻煩，喜歡「吾道一以貫之」，發揮一種策略到極限，這是個人喜好的取向，也是一種解題的方式，並無不好，甚至更貼近大學數學的方式。

8. 解一個題目時，可能用到多種解題策略，多半情況下，不需要想到所有的相關策略，只要部分策略就足以導引出解法了。

每個人都會經歷不同的解題經驗，也會產生不同的解題策略，所以遇見相同的問題時，不同的人可能會有不同的想法與策略，然後各自找出不同的解法。

我教資優班的最大享受，就是在讓學生們思考一個難題後，讓大家提出不同的想法與做法，讓彼此的思維再做一次腦力激盪，同時也能吸收別人的想法，我也從中獲益良多。

我班上的一個學生蘇意涵，去年（2008年）剛獲得英特爾國際科展的「傑出青年科學家獎」，她是得到這個著名國際科展最大殊榮的第一位台灣學生。她平時就聰明、活潑而有自信，在數學上也有獨到的想法。

　　學到三角函數時，她就私下告訴我，只要看到圓內接四邊形，她就忍不住會想用托勒密定理去解，也確實常常解出來。托勒密定理是說：圓內接四邊形 $ABCD$ 都會滿足 $\overline{AC} \times \overline{BD} = \overline{AB} \times \overline{CD} + \overline{AD} \times \overline{BC}$。一般高中生沒學過這個定理，老師也不會以這個定理來設計題目，她是在國中時學過的，特別喜歡這個定理，所以就變成她在面對圓內接四邊形時，優先考慮的解題策略。

　　常有學生這樣形容我：「任老師上課時，總能把最難的題目簡單又清楚地解出來，好像數學突然變得好容易理解，可是回家自己做的時候，魔法彷彿消失了，題目又變得難解了。」聽到這樣的形容，我不知道是褒還是貶，總覺得哭笑不得。

　　這原因其實很明顯，我在解題的過程中加入了解題策略，所以解題過程變得很順暢，好像水到渠成，自然而然就能找到解法，當然題目就變容易了。可是學生如果沒有體會那些策略的重要性，只在專注題目的解法，少了那些策略，當然題目又變得艱澀難懂了。

　　解題策略總能在不同的題目中不斷重複運用，只要用心去體會，就能越用越順暢。

　　也曾有補習班學生的父親這樣說：「我兒子覺得學數學很輕鬆，上完課公式就已經背下來了，回家照老師的想法再做參考書題目，幾乎都會做了。不會的再想一想就懂了，到學校怎麼考都是前幾名。」這樣的學生真正吸收了重點，又能在做題目中再加以磨練，將聽到的解題策略融入成為自己的解題策略，當然學習數學就變得輕鬆又有趣。

9

學習解思考題

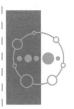

思考題就是那些需要我們分析題目、自己找出解法的題目,這當然是指沒見過的題目。現在學測、指考的題目大多數都是所有人從沒見過、是由出題教授自行設計發展出來的,這樣的題目也比較能真正測驗出學生的數學能力。為了順應潮流,模擬考和學校考試也都越來越活了,學生必須有能力解題,而不是記得題目怎麼解。

思考題不一定是難題。大多數的學測題目解題過程都不長,需要的策略也都很簡單。少部分的指考題目會比較深入,可是用的都是普通想法,或者說幾乎都是大家熟悉的條件和求解,只是換個組合的方式,產生新的題目。

學習解思考題,就是要學習解題的思考方法,如果在學習時都能依照本書前面所說的方式,那一定能解出一些思考題,同時數學也有中上程度了。如何能夠百尺竿頭,更進一步?解完思考題後的動作就非常重要了。仔細運用9-3節的方法,解題能力更能不斷提升。

9-1　　解題思考的過程

　　這裡我所指的當然是思考題，也就是那種沒見過或已經忘記做法的題目，這時我們必須自己經由思考來找出解法。

　　每道題目都包含各種已知條件，還有求解或求證，這裡我盡量用圖示的方法表現。一個題目就像是：

　　所謂解法，就是寫出由已知條件正確推論到求解或求證的過程。一個題目的解法就像是：

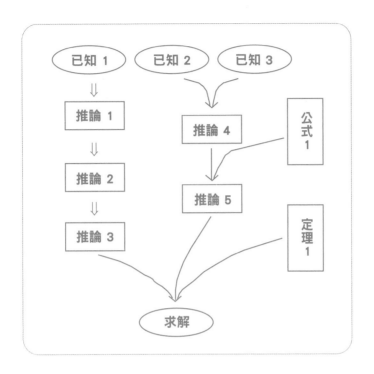

　　平常我們所看到的解法就像上圖，簡單明確，不過這是複雜思考後，去蕪存菁所得到的結果。一般書上的解答就是這樣，我們如果只是看解答，有點像完全依照衛星導航開車，聽到左轉就左轉，聽到右轉就右轉，結果是自己永遠不認得路。如果需要自己找路，當然找不到。

　　所以開始學習標準題時，就必須將每一個細節盡量弄清楚，並建立起自己的解題策略，即使策略不是很完備也沒關係，因為策略會隨著解思考題而不斷成長。

　　思考的過程是一步一步逐漸找出做法，中間可能還夾雜著許多嘗試和錯誤，主要的過程如下：

1. 看清楚題目，有哪些已知？求解是什麼？如果求解不止一個，是可以一併求出？還是應該先求哪一個？

2. 對於每一個已知，能不能用數學式表示？有沒有充要條件？可以推論出什麼？與其他已知或求解有什麼關係？

3. 對於求解，能不能用數學式表示？有沒有充要條件？有什麼其他推論可以導出求解？

4. 這是哪一個範圍的問題？有什麼一般性的做法？有什麼公式、定理可能有用？這題的條件是否適用？定理的結論對這題的求解是否有幫助？

如果還沒有找到解法，就繼續重複 2 到 4 的步驟，對於新的推論，看看能不能再推下去。只要方向對，就會感覺已知與求解之間的距離越來越短。經過一番努力，可能變成右圖了：

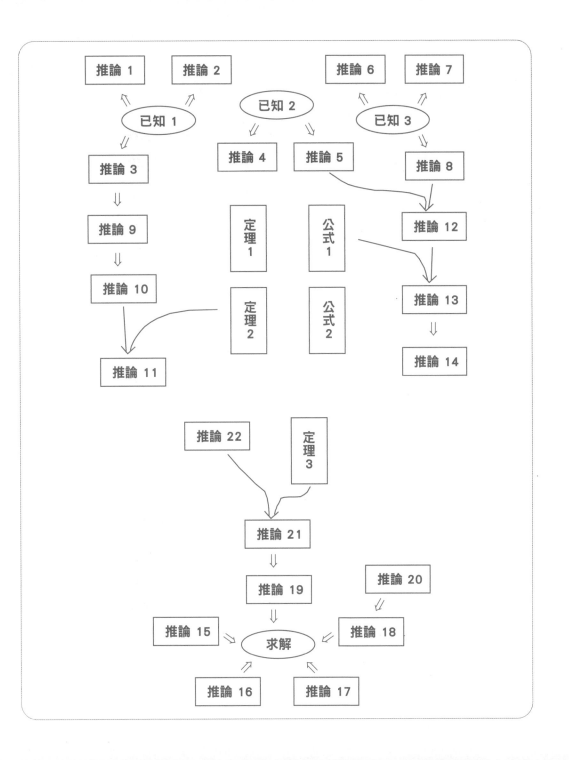

最後你會發現，**推論11**與**推論14**可以推到**推論22**，也就找到了如下圖的正確解法：

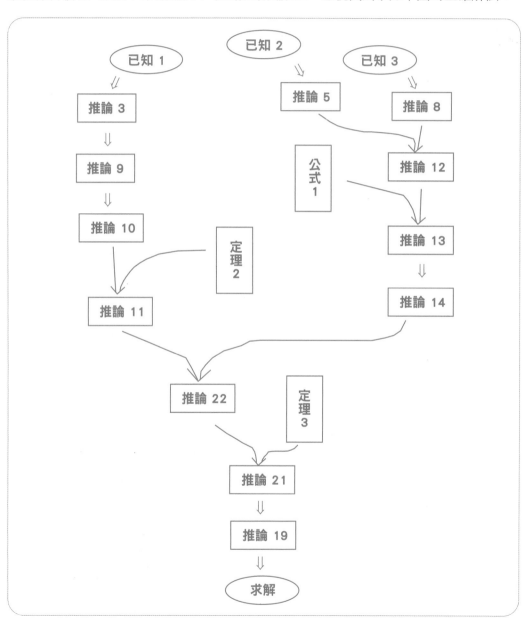

9-2　解思考題的實例

以下是幾個實際的例子，讓我們看一看如何用自己的想法去解題。

實例說明（國中）

設 $abc \neq 0$，$a + b + c = 0$，試求

$$a\left(\frac{1}{b} + \frac{1}{c}\right) + b\left(\frac{1}{c} + \frac{1}{a}\right) + c\left(\frac{1}{a} + \frac{1}{b}\right) = \ ?$$

1. 題目有兩個已知與一個求解。

2. 第一個條件「$abc \neq 0$」不是等式，作用只是使分母不為 0，大概沒用，暫時不考慮它。

3. 第二個條件「$a + b + c = 0$」一定有用，如果看見 $a + b + c$ 就可以代入 $a + b + c = 0$，看見 $a + b$ 也可以 $a + b = -c$。現在看不見，先放在心裡，隨時注意與它有關的東西，或想辦法製造與它有關的東西。

4. 求解式子是一個分式，分式最主要的化簡方法是約分、通分（約分優先）。約分好像不行，若全部通分式子很複雜，不得已才考慮。

5. 如果只將一部分通分，當然先挑分母相似的（相同更好），可以試試看：分母為 a 的有兩個 $\frac{b}{a}$ 與 $\frac{c}{a}$，$\frac{b}{a} + \frac{c}{a} = \frac{b+c}{a}$，已知剛好用上了，$b + c = -a$ 代入得

$$\frac{b}{a} + \frac{c}{a} = \frac{-a}{a} = -1 \text{。}$$

6. 找到一種解法了（還有其他解法）：

$$a(\frac{1}{b} + \frac{1}{c}) + b(\frac{1}{c} + \frac{1}{a}) + c(\frac{1}{a} + \frac{1}{b})$$

$$= (\frac{a}{b} + \frac{a}{c}) + (\frac{b}{c} + \frac{b}{a}) + (\frac{c}{a} + \frac{c}{b})$$

$$= (\frac{b}{a} + \frac{c}{a}) + (\frac{a}{b} + \frac{c}{b}) + (\frac{a}{c} + \frac{b}{c}) = \frac{b+c}{a} + \frac{a+c}{b} + \frac{a+b}{c}$$

$$= \frac{-a}{a} + \frac{-b}{b} + \frac{-c}{c} = -1 - 1 - 1 = -3$$

實例說明（高中三角單元）

試證明**海龍公式**：

一個三角形三邊長為 a、b、c，又 $s = \dfrac{a+b+c}{2}$，

則此三角形的面積為 $\sqrt{s(s-a)(s-b)(s-c)}$ 。

　　這是一個重要而且常考的題目，多半同學都是硬記下證明過程，可是過一段時間就又忘了。其實真的去了解解題中的思考過程，不僅不容易忘記，而且對解題的方法還會有更進一步的幫助。

1. 要求出面積，一定要有個起始，那麼三角形的面積公式有哪一個與 $\sqrt{s(s-a)(s-b)(s-c)}$ 看起來比較接近？這裡所說的「接近」，一個是指它們的變數類似，一個是指它們的格式類似，又以前者比較重要。

2. $\sqrt{s(s-a)(s-b)(s-c)}$ 中的 $s=\dfrac{a+b+c}{2}$，所以可看成用三邊長來表示面積，$s-a=\dfrac{a+b+c}{2}-a=\dfrac{b+c-a}{2}$，所以我們要的結果是

$$\sqrt{(\dfrac{a+b+c}{2})(\dfrac{b+c-a}{2})(\dfrac{c+a-b}{2})(\dfrac{a+b-c}{2})} \text{ 。}$$

3. 現在，我們以三角形面積公式 $\dfrac{1}{2}bc\sin A$ 為起始，看起來與我們要的結果「$\sqrt{s(s-a)(s-b)(s-c)}$」差別還不小，不過一步一步來。首先要解決的是「變數」，$\dfrac{1}{2}bc\sin A$ 裡面有個 A 是角，而我們要的結果應該是三邊長 a、b、c 所構成的式子，所以該怎樣把一個角去變成三邊長的式子？有公式嗎？餘弦定理正是「三邊一角關係式」，有 $\cos A=\dfrac{b^2+c^2-a^2}{2bc}$ 可以用，但是 $\dfrac{1}{2}bc\sin A$ 式子裡面是 $\sin A$，怎樣將 $\sin A$ 變成 $\cos A$？公式 $\sin^2 A+\cos^2 A=1$ 當然是首選，可以將公式改成 $\sin A=\pm\sqrt{1-\cos^2 A}$ 使用。這樣好嗎？出現「$\pm$」與「根號」都不是好東西。再想一想，因為三角形中 $0°<A<180° \Rightarrow \sin A>0$，所以 $\sin A=\sqrt{1-\cos^2 A}$ 即可，而我們要的結果本來就有根號，所以增加根號對這個證明不是壞事。

4. 這個證明的開始可以為這樣：

$$\text{面積} \ \frac{1}{2}bc\sin A=\frac{1}{2}bc\sqrt{1-\cos^2 A}=\frac{bc}{2}\sqrt{1-(\frac{b^2+c^2-a^2}{2bc})^2} \text{ 。}$$

5. 接下來該怎麼辦？看著結果 $\sqrt{s(s-a)(s-b)(s-c)}$ 來比較吧。有兩個方向可想：

一個是根號外面的 $\dfrac{bc}{2}$ 應該要乘進去，另一個是根號內的部分要分解。有方向就繼續做吧：

三角形面積 $\dfrac{bc}{2}\sqrt{1-(\dfrac{b^2+c^2-a^2}{2bc})^2}$

$=\dfrac{bc}{2}\sqrt{(1+\dfrac{b^2+c^2-a^2}{2bc})(1-\dfrac{b^2+c^2-a^2}{2bc})}$　（根號內分解）

$=\dfrac{bc}{2}\sqrt{(\dfrac{2bc+b^2+c^2-a^2}{2bc})(\dfrac{2bc-b^2-c^2+a^2}{2bc})}$　（分式通分）

$=\sqrt{\dfrac{1}{16}(2bc+b^2+c^2-a^2)(2bc-b^2-c^2+a^2)}$　（$\dfrac{bc}{2}$ 乘進去）

6. 得到的式子好像更像 $\sqrt{s(s-a)(s-b)(s-c)}$ 了吧。再下來該怎麼做？當然是繼續分解：

三角形面積 $\sqrt{\dfrac{1}{16}(2bc+b^2+c^2-a^2)(2bc-b^2-c^2+a^2)}$

$=\sqrt{\dfrac{1}{16}[(b+c)^2-a^2][a^2-(b-c)^2]}$　（配成平方差）

$=\sqrt{\dfrac{1}{16}(b+c+a)(b+c-a)(a+b-c)(a-b+c)}$　（分解）

（$b+c+a,b+c-a,\cdots$ 與 $s,s-a,\cdots$ 有什麼關係？）

$=\sqrt{(\dfrac{b+c+a}{2})(\dfrac{b+c-a}{2})(\dfrac{a+b-c}{2})(\dfrac{a-b+c}{2})}$

$=\sqrt{(s)(s-a)(s-c)(s-b)}=\sqrt{s(s-a)(s-b)(s-c)}$

實例說明（高中對數單元）

x、y 為正實數且滿足 $xy = 10$，試求 $(\log x)(\log y)$ 的最大值。

1. x、$y > 0$ 是使得 $\log x$、$\log y$ 有意義，此條件暫時不管。

2. $xy = 10$ 與 $(\log x)(\log y)$ 有什麼關係？好像不搭調，能不能讓兩者更相似？

   $xy = 10 \;\Rightarrow\; \log xy = \log 10 \;\Rightarrow\; \log x + \log y = 1$

   現在題目可以看成「$A + B = 1$，求 AB 的最大值。」

3. 看起來好像可以用算幾不等式，可是沒有 A、$B > 0$，題目中的 x、$y > 0 \;\Rightarrow\; A$、B 為實數。（如果真要用，還必須將 A、B 分成正、負來討論。）有 $A + B = 1$ 是一次條件式，可以試著以 $B = 1 - A$ 代入消去 B。

4. 令 $A = \log x$，$B = \log y$，則 $A + B = 1$

   $(\log x)(\log y) = AB = A(1 - A) = -A^2 + A$

   $= -(A - \dfrac{1}{2})^2 + \dfrac{1}{4} \leq \dfrac{1}{4}$（二次式求極值用配方）

   所以當 $A = \dfrac{1}{2}$，$x = \sqrt{10}$ 時，$(\log x)(\log y)$ 的最大值為 $\dfrac{1}{4}$

實例說明（高中多項式單元）

坐標平面上，二次函數 $y = 2x^2 - 4x + k$ 與 x 軸交於 A、B 兩點，與 y 軸交於 C 點，若 $\triangle ABC$ 為直角三角形，試求 $k = $？

1. 先分析一下 $y = 2x^2 - 4x + k$ 的圖形，開口向上、頂點 x 坐標為 1 且與 x 軸交於兩點，這樣的圖形可以有兩種。

2. $C(0 , k)$，而 A、B 的 x 坐標是 $2x^2 - 4x + k = 0$ 的兩根，需要的話可以解出來用 k 表示。但有點麻煩，必要時再解。

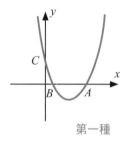

第一種

3. 第一種顯然會成為鈍角三角形，所以是第二種。而且 $\angle A$、$\angle B$ 都是銳角，所以 $\angle C$ 是直角。

4. 直角這個條件怎麼應用？各種方法都能解出，我用高中生最容易想到的「垂直直線的斜率相乘等於 -1」。國中剛畢業的同學，也可以自行用畢氏定理做做看。

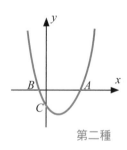

第二種

5. 為了避免計算 A、B 的坐標麻煩，先設 $A(\alpha , 0)$、$B(\beta , 0)$，$\overline{AC} \perp \overline{BC}$ $\Rightarrow$ $\dfrac{0-k}{\alpha-0} \times \dfrac{0-k}{\beta-0} = -1$ $\Rightarrow$ $\alpha\beta = -k^2$

（剛好可以利用根與係數關係，就不用算出 α、β。）

$$\Rightarrow \frac{k}{2} = -k^2 \Rightarrow k = 0 \text{ 或} -\frac{1}{2} \text{，但} k = 0 \text{不合，故} k = -\frac{1}{2}$$

9-3　解完思考題之後

每一次解題都是經驗，把握每一個經驗，充分發揮它的效果，思考就會越來越寬廣，解題能力也會越來越強。這裡是指解一個思考題，尤其是那種沒有見過的思考題。

很多同學做完題目之後，就趕快翻答案，做對了就很高興，繼續做下一題；錯了就趕快看看正確的答案怎麼寫，然後記下這題該怎麼做。如果只是這樣，就失去了很多好機會。

自己解題時可能有各種狀況。

先說如果經過思考後還是不會解，繼續想想吧。直到腦袋已經想不出任何東西，才只好去看看解答。別急著一次看完整個解答，可以先看解答的前面一小半，也許看了一點就會有靈感，那麼剩下的部分就自己完成吧。

有人覺得：「想了二十分鐘都沒想出來，白浪費時間。」是這樣嗎？如果一個人學習籃球的罰球，投了五球都沒進，他算是白練了嗎？每個人開始都投不進，經過不斷的練習、投不進與修正，然後變成偶爾投進，最後變得常常投進。只要思考就會進步，如果因為想不出來就不再想，那就真的學不會了。

做不出來的原因有很多種。如果已經做了一些結果，但是最後得不到答案，那麼看過解答後，應該要找出自己的盲點。應該只是一個條件沒有掌握好，或少想到一兩個可用的定理或方向，也就是缺少或忘了一個小策略。多想幾次這個小策略，補足一個小策略，能夠讓我們多會很多題目。

　　如果面對題目毫無感覺，根本不知道從何著手，那麼看過解答後，仔細想一下，為什麼會想到這樣的解法？一定與題目的條件與求解有關，找出那些關聯，補足自己的中策略，或是找出解題過程的架構，補足自己的大策略。

　　萬一看過解答後，仍完全無法理解為何有這樣奇怪的做法，那就先跳過這題吧，這題與自己的程度有一段差距，即使背下來也沒幫助，等實力夠了再看它，就會有感覺了。

　　如果做錯了，也就是做出了答案，但答案不對，先不要急著看解答，而是從頭仔細核對一下自己的做法，檢視每一個步驟，一定要找出自己錯誤的原因，然後看看能不能修正自己的做法。也許自己的想法沒錯，只是細節失誤或解題不夠精確，那就該檢討錯誤發生的原因；萬一找不出錯誤所在，就去請教老師或同學吧。也許自己的方向錯了，那再去看看正確的解答，想想如何才能想到正確的方向，然後修正一下自己的中策略。

　　我們都可能用錯方法做出錯誤的答案而不自知，可是如何才能避免再犯同樣的錯誤呢？必須先完全了解錯誤的原因，而且要多想一想，是否有類似的問題但方向不同？條件類似而做法不同的題目，容易彼此誤用，最好比較兩種題目之間的細微差異。會用錯方法，也可能是自己直觀的方向錯誤，**如果不能弄清楚錯誤的理由，下次就有可能繼續犯錯**。

　　再說如果答案對了，當然很高興，也有一些成就感。請別急著做下一題，而是先回想一下：剛才怎麼想到做法的？如果是自己的解題策略奏效了，那麼回想一下解題策略，讓自己的感覺更深入一點。

　　如果不是解題策略奏效了，那麼是哪一個（或哪幾個）條件或求解，使自己想到該這樣解的？或是突然想到哪一個公式或想法？又是為什麼會想到這個公式？總之，這是一個寶貴的經驗，要把成功的想法融入自己原有的解題策略裡。

這樣分析解題後該做的事，會不會太複雜？其實簡單一句話，就是：**無論做對、做錯，都要檢討，才會有練習的效果**。拚命做題目而不思考的學生，就像每天拿著籃球隨意往籃框丟，當然很難進步。應該認真仔細投出每一球，投得偏右了就向左修正，投輕了下次就用力些，投進了就抓住感覺再投一球。

不只做數學、投籃球，大多數的技能都是這樣才會進步的。每個籃球場上的神射手，曾經投不進的「次數」都比我們多。每個高手都會經過比平常人更多的挫折，正是那些挫折使他蛻變為高手。我們都聽過「失敗為成功之母」，你相信這句話嗎？我認為它的意義是：「努力檢討失敗的人，下次會更接近成功」。

9-4　有很多不同的解法

對於不同的解法，我們先要有幾個體認：

一、最不會忘記的解法，就是自己想出來的解法。
二、如果計算相差有限，最熟悉的解法就是最快的解法。
三、不同解法代表不同的策略，也會有不同的延伸作用。
四、自己無法體會的解法，學了也是白學。

學生不必（也不可能）學會所有做法，但多了解幾種方法，是可以多體會不同的策略。我上課時也很鼓勵學生說出不同的算法或想法，經常有學生可以提出一些跳出傳統思維的算法，這些都能啟發不同的思路。

平常練習時看見不同解法，順便欣賞一下，我們應該去思考如何能想到另一種解法，那些可以強化自己的解題策略，往往在別的題目中就有作用了。至於考試時，可

以從自己能完全了解的方法中，選擇最熟悉的解法。

　　有時候我們會看到一些快速解法，每種解法的背後都有各自的數學意義，可是如果我們無法了解那些意義，那就改用自己能了解、能推廣的做法吧。**硬記下不明白的做法，很容易忘掉，而且會傷害自己思考的本能。**

　　我曾經見到國中生用微分去求極值，用積分去求級數和，追問他理由，卻回答完全不知道。「反正這樣做就會對」的心態，對數學的學習其實是一種傷害。

10
考試作答技巧

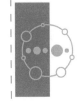

　　數學程度是不是能完全表現在數學考試的成績上？這中間還是有一些差距。有一種同學數學程度不錯，可是考試成績總是不理想，考試過後檢討，總發現很多不該錯卻做錯的，或是有能力做對但是卻沒做對。也有一種學生會在考試後問我：「這題我雖然考試答對了，可是請問老師，這題到底該怎樣做？」這種學生即使沒把握，也能憑藉各種方法，猜出可能的答案。

　　兩種同學的差別就是考試作答技巧。這包括了很多考試時該有的習慣，雖然都是些零碎的小技巧，甚至有點偷雞摸狗的招式，卻需要長時間修正自己考試的習慣。總之，平時做題目時就要常常注意，並且養成習慣，考試時才能有效。考完試檢討考卷時，更要仔細推敲那些該做對、或有機會做對的題目，想一想如何做才能避免再犯同樣的錯，每次增加一點經驗，累積起來就成為自己的考試技巧。千萬不要在檢討考卷時只哀怨該對的沒對，那樣子只會繼續哀怨很久的。

　　大多數同學學數學的目標都是考試高分，我同意學生該有這樣的考試信念：「在符合考試規則的前提下（當然不可作弊），用盡一切方法爭取較高的分數。」而充分表現自己的實力，拿到所有自己能力所及的分數，就要靠臨場的作答技巧。

10-1　　看題目時慢一點、仔細一點

看數學題目不像看小說，看小說只要了解意思就好，看數學題目就必須看清楚每一個細節。目前學測大致都考二十題，指考大約十二題，不像有些科目動輒五、六十題，所以不要急。

有些同學總是擔心做不完。偶爾會有老師在一份考卷出過多的題目，目的是要求學生非常熟練，而以近似反射動作的方式作答，稱為速度訓練。如果題目都是基本計算還可以，如果是一般試題就不妥當；一方面加快學生速度，另一方面卻訓練學生輕忽細節，不仔細思考，這樣的效果可能弊多於利。

真正做不完，通常是因為想不出來或用錯方法，各種原因浪費很多時間，絕對不是因為題目看太慢。反而有時會因為看錯題目，做了一大半才突然發現不對，結果要重新來過，這種情況才最浪費時間。

仔細看完題目，有哪些已知？求解是什麼？再去想該怎麼解。如果是完全沒見過的題目，先考慮已知，若有已知是不知如何下手，或完全找不到已知與求解的關聯性，一時間完全不知如何下手，那麼先跳過這題吧，需要做各種嘗試的題目，應該在最後才做。

10-2　　做完一題後，立刻重新看一遍題目

重新看一遍題目的時候，至少要看兩件事：

一、是否每個條件都使用到了？ 一個正常的題目，應該需要每一個條件才能解出答案。如果有某個條件完全沒使用就得到答案，就該想一想，是否哪裡疏忽

了？例如一個填空題原本答案是 $a = 2$, -3，但出題老師不希望有兩個答案，於是就在題目多加一個條件 $a < 0$，答案就變成了 $a = -3$。這條件「$a < 0$」在解題時毫無用處，只是為了讓答案只有一個解，這種條件很容易就被遺忘。

二、**題目求的是什麼？**千萬不要答非所問，也要注意答案的格式是否符合題目要求。例如題目的目的在求一個二次函數 $y = x^2 + ax + b$，可是也許填充題問的是「$(a , b) = ?$」答案應該是「$(2 , 3)$」，有的同學算出答案就急著填成「$x^2 + 2x + 3$」或「$a = 2$，$b = 3$」。有的題目，還可以檢查一下答案是否合理？有時看到學生算出「面積等於 -2」或「機率等於 3」而毫無感覺，其實只是不小心計算錯，只要檢查一下就會改正。

這些動作是趁著再看一遍題目時就可以立即完成的，花的時間不多，可是可以避免多種莫名其妙的失誤。

10-3　代入特殊數值求答案

有些題目可以靠著代入特殊數值求得答案，照理說這種題目不宜考填充題，可是出題老師難免會有疏失，即使正式考試也偶爾會出現。看看下面的例子：

實例說明（高中三角單元）

若 $A + B = 45°$，試求 $(1 + \tan A)(1 + \tan B) = ?$

前面看過這題，用基本解題策略就可以解出來，這次我們試試用代入的方法。A，B 滿足 $A + B = 45°$，找一個簡單的例子，$A = 45°$，$B = 0°$ 就滿足 $A + B = 45°$，代入可得：

$$(1 + \tan A)(1 + \tan B) = (1 + \tan 45°)(1 + \tan 0°)$$
$$= (1 + 1)(1 + 0) = 2$$

代入的的理由是：題目是任意 A，B 滿足 $A + B = 45°$，都可得到 $(1 + \tan A)(1 + \tan B) = 2$，當然 $A = 45°$，$B = 0°$ 代入也會得到 $(1 + \tan 45°)(1 + \tan 0°) = 2$，所以答案必定是 2。

請注意，這種方法在選擇題、填充題可以用，但在計算題，這樣寫一定沒有分，因為題目要的是「任意 A，B」情況下的答案，而這樣做只是「特定 A，B」情況下的答案。

再看一個例子吧：

實例說明（高中三角單元）

若 $\triangle ABC$ 的三邊長分別為 x，y，$\sqrt{x^2 + xy + y^2}$，
試求 $\triangle ABC$ 的最大角。

正規做法應該是先判別出邊長 $\sqrt{x^2 + xy + y^2}$ 最大，然後再用餘弦定理求最大邊的對角。若為選擇題或填充題，也可以：

以 $x = y = 1$ 代入得三邊長 1，1，$\sqrt{3}$，再用餘弦定理：

設最大角 θ，θ 為 $\sqrt{3}$ 的對角，$\cos\theta = \dfrac{1^2 + 1^2 - (\sqrt{3})^2}{2 \times 1 \times 1} = -\dfrac{1}{2}$

$\Rightarrow$ 最大角 $\theta = 120°$

即使是計算題，這也是正規的思考方式。當我們一時找不出解法，先用特定數值代入求得答案，以代入的過程與答案當作參考，常常有助於實際的解題。

10-4　能不能猜答案？

有些類型的題目，你可以先猜測可能的答案，再代入試試看：

實例說明（高中三角單元）

若 $\triangle ABC$ 中，A，B，C 的對邊長分別為 a，b，c 並且滿足 $a\cos B = b\cos A$，則 $\triangle ABC$ 的形狀為何？

標準的解法是這樣，利用正弦定理將邊長都化為角：

$a\cos B = b\cos A \Rightarrow \dfrac{a}{2R}\cos B = \dfrac{b}{2R}\cos A$

$\Rightarrow \sin A \cos B = \sin B \cos A \Rightarrow \sin A \cos B - \sin B \cos A = 0$

$\Rightarrow \sin(A - B) = 0 \Rightarrow A = B$，所以為等腰三角形。

　　要怎樣猜答案呢？題目的問法，讓我們覺得答案大概會是正三角形、等腰三角形或直角三角形這一類的，所以只要舉這三種例子代進去試試看：當 $A = B$ 時，也會 $a = b$，代回條件式顯然成立，答案就至少包括等腰三角形。

　　在很多求極值的問題中，如果幾個變數是對稱的，則極值經常出現在各個變數相等的時候，很多程度好的同學都會如此猜答案。例如：

實例說明（高中）

若 a , b , c 為正實數，$ab + bc + ca = 12$，試求 $a + b + c$ 的最小值。

標準的解法是這樣：

$$(a + b + c)^2 - 3(ab + bc + ca) = a^2 + b^2 + c^2 - ab - bc - ca$$

$$= \frac{1}{2}\left[(a - b)^2 + (b - c)^2 + (c - a)^2\right] \geq 0$$

所以 $(a + b + c)^2 \geq 3(ab + bc + ca) = 3 \times 12 = 36$

$\Rightarrow a + b + c \geq 6$，「 $=$ 」成立時 $a = b = c = 2$

故 $a + b + c$ 的最小值為 6

　　用猜的方式，就是利用 $ab + bc + ca = 12$ 與猜測的 $a = b = c$ 解出 $a = b = c = 2$，代入 $a + b + c$ 得 6，就猜最小值為 6。

這些猜題的技巧，一定要在平時練習時多注意，即使一個題目不會做，也不要輕易放棄，務必死纏爛打的想辦法湊答案。

不過要注意一點，有些同學也會因此找到一些特別的解題方式，發現「好像這種問題也可以這樣簡單找到答案」，這是很棒、也可能很危險的事。找到比老師更快的解法當然很棒，但也要仔細推究原理與適用性，否則也許會在條件有變化時誤用，這就很危險了。如果對自己找到的方法沒有把握，就去請教老師吧。

10-5　　隨時記得驗算

驗算不一定是重算，而且最好不是重算。很多題目得到答案以後，可以將答案代入條件中檢驗。

很多同學都有這樣的經驗：做題目時誤算成 $7 \times 8 = 54$，重算時依舊會算成 $7 \times 8 = 54$。常常錯誤的計算在重算時還會發生同樣的錯誤，所以盡量用驗算而不是重算。另外，平常練習題目時，就應該要注意哪些問題可以簡單驗算。

我自己在學生時代，如果無法驗算而時間許可，我通常都會換一種方法重做。

實例說明（國中）

試求通過 $A(2 , 1)$、$B(4 , -5)$ 的直線方程式。

設直線方程式為 $y = ax + b$，

通過 A、B，則 $\begin{cases} 1 = 2a + b \\ -5 = 4a + b \end{cases} \Rightarrow 2a = -6 \Rightarrow a = -3$

代回得 $1 = -6 + b \Rightarrow b = 7$，所以方程式 $y = -3x + 7$。

驗算時當然不要重算，而是將 A、B 兩點代入 $y = -3x + 7$ 檢查是否滿足直線方程式。

有很多題目，計算要花很多時間，但驗算只要三秒鐘。解方程式、因式分解……。只要多注意就會發現。

很多人都以為要做完整份考卷以後，才開始檢查、驗算，其實**在作答時就可以考慮隨時驗算**，特別是那些可很簡單做驗算的題目，應該做完時馬上驗算。

另外，在做一些過程長的題目，有些步驟可以簡單驗算，就應該立即驗算；考試時最令人痛恨的就是，在一個計算複雜的題目算完後，才發現最初的一個小計算錯誤，結果等於要整個重算了。這不僅費時，而且讓人洩氣，影響考試心情。有時解題到一半時，發現數據複雜到不尋常（通常老師都會配出簡單的結果），也該先主動回頭看一下，是否有計算錯誤，以免最後複雜的計算變成做白工。

做出數字難看的結果會讓我們沮喪，並且懷疑自己的答案，可是如果遇到題目的數據本身很複雜怎麼辦？有些同學就會感到厭煩，其實遇到這種題目應該心存感激，這表示老師很辛苦地配出簡單的答案。

有些題目確實無法讓題目與答案的數據都很簡單，如果題目數據複雜，那就是老師費心設計數據，計算時通常是越來越簡單，最後得到簡單的答案。當然老師也可以隨便寫題目的數據，那答案可能就很醜了，計算起來也會很辛苦。反過來說，如果題目數據複雜，而算出的答案也很醜，就更要提高警覺，及早驗算。

10-6　作答卷寫清楚

作答時一定要寫得條理清晰，**要有一個觀念：「防止老師有閱卷失誤的機會」**。作答凌亂或未化簡，常使老師改錯，不管錯誤的是誰，損失分數的一定是學生。有些考試還可以在檢討考卷時要回分數，也有些考試根本沒機會看到自己的考卷。

先說填空題。答案一定要化簡，同時要以大家習慣的方式寫出來。以下是我見過的實例：

將標準答案 7 寫成 $\dfrac{91}{13}$；將標準答案 $\sqrt{3}$ 寫成 $\dfrac{3+\sqrt{3}}{1+\sqrt{3}}$；將標準答案 x^2+2x+3 寫成 $2x+x^2+3$。這樣的答案簡直是「引誘老師犯罪」。

再說計算題，答案一定要符合題目的問法，並且寫在整個作答的末尾。例如：

題目問的是 $f(x)=$？答案是 $f(x)=x^2+2x-3$。

學生的作答裡先假設 $f(x)=ax^2+bx+c$，然後正確地解出 $a=1$，$b=2$，$c=-3$，可是就沒有寫出 $f(x)=x^2+2x-3$，我看到這種作答一定扣分。

證明題問題更多，該有的「假設」、「因為」、「所以」……，都沒寫出來，好像一篇原本該論述條理的文章，變成沒頭沒尾的重點摘要：「昨天，下雨，沒打球，看電影。……」這樣的寫法實在沒有辦法得到全部分數。

10-7　其他該注意事項

有時題目開始做得很順，可是最後總覺得欠缺那臨門一腳，就是算不出來。這時候就該重新看一遍題目，看看哪一個條件還沒用上？如果有，這條件就是最後解題的關鍵了。

　　在一些正式的考試裡，填空題如有兩個答案，多半會在題目中標示，不過計算題或一般考試就不一定會標明。**當我們算出兩個答案時，就要有警覺性，是否此題真有兩解？**如果代回題目檢查不麻煩，一定要分別驗算兩個答案；有時驗算不易，就要仔細考慮題目的每一個條件，直觀想一想，此題該不該有兩解？也看看有沒有哪一個答案不符合條件的要求。

　　考數學時，通常不准學生自帶計算紙（學測、指考也都如此），只能利用考卷空白處或反面做計算，所以通常寫得擁擠而且雜亂。同學多半有過這樣的經驗：檢查重算一次時，結果與先前的答案不同，一時間又很難確定哪一次才是對的；如果能對照比較兩次的計算就好了，可是真的找不到原來的算式。其實只要養成習慣，**同一題的計算盡量寫在一起，然後標出明顯的題號**，這樣在需要時，就不會找不到原來的算式了。這只是一個小小的習慣動作，養成後常能幫大忙。

　　考試時總會比較緊張，很多人都有類似經驗：怎麼想都想不起來的東西，卻在聽到鐘聲噹噹噹或收考卷的那一刹那，就會突然想起，然後只能嘆氣：怎麼會那麼衰？剛剛就是想不到！原因很簡單，就在考卷收去的那一瞬間，緊繃的心突然舒緩下來，一旦輕鬆下來，自然能正常思考，也就想到答案了。

　　考試時放輕鬆，說來容易做來難，但總有一些可做的。**在大範圍考試前，拚命多看幾題其實也沒什麼幫助，不如盡量放鬆，至少帶著輕鬆的心情進考場。**有時遇到一題想很久，好像就是差那麼一點，這時先做其他題目，腦筋先騰空，等一下再回來思考這題，有時反而更容易突破，因為原先可能已經鑽入牛角尖出不來，唯有退一步再從頭來看，才會發現哪邊忽略了。

11

如何避免粗心錯？

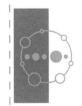

　　「粗心錯」是很多人心中的痛，特別是重要考試時，可能差之毫釐，失之千里，甚至影響一輩子。每一個人都會粗心錯，包括我自己，求學時會粗心錯，現在還是會粗心錯，有時很誇張的粗心錯，自己都會覺得很白痴。沒有方法可以杜絕粗心錯，但是多注意一些細節，可以減少很多粗心錯，或是讓自己能及時發現而改正。

　　有些同學每次考試後都覺得自己粗心錯太多，所以會說：「我本來應該考90分的。」可是如果改不了這毛病，只是哀怨是沒有用的。必須弄清楚問題在哪，然後才能減少這些錯，否則永遠只能說：「我本來應該⋯⋯」

　　我將「粗心錯」定義為「該做對或很有機會做對，卻沒做對」。每次檢討考卷時，都應該對這種錯仔細想一想，是什麼原因？如何可以避免？要提高10分的數學程度，要花很多時間，可是一瞬間這10分就不明不白地飛了，太可惜了。

　　粗心錯可以分成很多不同的原因，上一節所說的良好作答習慣，已經可以避掉一半的粗心錯。本節再討論三種：純粹的粗心錯、不精確的粗心錯，以及不專心的粗心錯。最重要的是，檢討考卷時要弄清楚自己的問題，只要有耐心長期養成好習慣，大多數的粗心錯都有辦法避免。

11-1　　純粹的粗心錯

　　什麼樣是純粹的粗心錯？我覺得有些計算做一百次，九十九次都對，只會錯一次，剛好這一次就出現在考試中，那麼這次的錯才是純粹的粗心錯。例如 $7 \times 8 = 54$，這種錯在考試中，即使加上緊張的原因，通常最多一題。

　　我自己在高中時，有一次算出答案是 $\frac{4}{14}$，可是在選擇題的選項中就是找不到，重算好幾次都一樣，最後那次段考就只錯這一題。大家都看出來了吧，選項中當然沒有 $\frac{4}{14}$，只有 $\frac{2}{7}$。從那次以後，我就非常注意自己的答案是否完全化簡，就再也沒有犯過同樣的錯誤。

　　平時犯這種錯，會感覺又好氣又好笑，如果重要考試犯這種錯，就會覺得想哭了。會犯這種粗心錯，也常常是因為後面所指的「不專心的粗心錯」，是可以改正的。

　　還有一種情況是太急了。考試時突然看到一題很熟悉或很簡單的題目，有的同學會想：「這題好簡單，趕快做完，再做下一題。」有的同學會想：「這題好簡單，我一定要做對，再做下一題。」考卷裡常常簡單題是 5 分，難題也是 5 分，錯在簡單題最不值得。

11-2　　不精確的粗心錯

　　有些同學檢討考卷時會感覺：「我知道，可是當時忘記考慮了。」可是仔細想一想，真的是「只有當時忘記」？還是「偶爾忘記」？還是「常常忘記」？雖然知道那個性質，但是沒有想到——這通常是在平時推論時，就沒有考慮得很精確。

　　這種情形不完全是粗心錯，而是同學有時「只背了半個公式」，只記得公式的主要部分，沒有注意次要部分。

　　例如：「當 $a \neq 0$，a、b、c 為實數時，方程式 $ax^2 + bx + c = 0$ 有兩相異實根的充要條件為 $b^2 - 4ac > 0$」。使用時幾乎都只有在用「兩相異實根 $\Leftrightarrow b^2 - 4ac > 0$」，尤其那種抱著「我會做這題就好」心態學數學的同學，久了自然就忘記那個次要條件「$a \neq 0$」，通常題目都用不到，突然遇見一題需要用到時，不是「不小心忘記」，而是「平常就沒有想起」。

　　「當 $c > 0$ 時，$a > b \Rightarrow ac > bc$；當 $c < 0$ 時，$a > b \Rightarrow ac < bc$」這個運算規則，是國中就學會的，可是平常運算時，幾乎都是 $c > 0$ 的情況。如果習慣照著例題做類似題，就不習慣去考慮 $c > 0$ 是否成立，所以當自己解題時，剛巧 $c < 0$，自然就容易出錯了。

　　檢討考卷時，如果發現這種「知道但忘了考慮」的錯，先自己想一想，是不是平常都沒有考慮？因為平常做的題目都沒有影響答案而就不考慮它？如果是這樣，只要平常養成習慣，考慮到它，下次就不會忘記了。

　　看看下面這些例子：

實例說明（高中多項式單元）

　　設 x , y 為實數且滿足 $4x^2 + y^2 = 36$，試求 $5x^2 + y^2 - 12x$ 的最小值。

誤解：$4x^2 + y^2 = 36 \Rightarrow y^2 = 36 - 4x^2$

　　　代入 $5x^2 + y^2 - 12x = 5x^2 + (36 - 4x^2) - 12x$

　　　　$= x^2 - 12x + 36 = (x - 6)^2 \geq 0$，故最小值為 0

正解：$4x^2 + y^2 = 36 \Rightarrow y^2 = 36 - 4x^2$

代入 $5x^2 + y^2 - 12x = 5x^2 + (36 - 4x^2) - 12x$

$\quad\quad = x^2 - 12x + 36 = (x - 6)^2$

又 $4x^2 = 36 - y^2 \le 36 \Rightarrow 4x^2 \le 36 \Rightarrow -3 \le x \le 3$

所以當 $x = 3$ 時，最小值為 $(3 - 6)^2 = 9$

分析：二次式求極值是個簡單又常用的問題，在高中大概一定是用配方法。求極值當然要考慮變數的範圍。很多題目變數沒有範圍或範圍不影響極值，同學平時就沒有每次都注意變數的範圍，所以解題時會疏忽。

實例說明（高中多項式單元）

解不等式：$\dfrac{x^2 - x - 8}{x + 1} > 2$。

誤解：$\dfrac{x^2 - x - 8}{x + 1} > 2 \Rightarrow x^2 - x - 8 > 2x + 2 \Rightarrow x^2 - 3x - 10 > 0$

$\quad\quad \Rightarrow (x - 5)(x + 2) > 0 \Rightarrow x > 5 \text{ 或 } x < -2$

正解：$\dfrac{x^2 - x - 8}{x + 1} > 2 \Rightarrow \dfrac{x^2 - x - 8}{x + 1} - 2 > 0 \Rightarrow \dfrac{x^2 - 3x - 10}{x + 1} > 0$

$\quad\quad \Rightarrow \dfrac{(x - 5)(x + 2)}{x + 1} > 0 \Rightarrow x > 5 \text{ 或 } -2 < x < -1$

分析：這是高中生最常犯的錯誤之一。解方程式時，常把分母乘到等式另一邊（等式

兩邊同乘以分母），可是不等式兩邊同乘以一數時，要考慮乘數的正負。要避免也不難，就是在每次處理不等式時都想到這一點，在做標準題時，要能像本書所說的這樣，想清楚每個計算步驟的合理性。

實例說明（高中三角單元）

若 $\triangle ABC$ 三內角 A , B , C 滿足 $a\cos A = b\cos B$，則 $\triangle ABC$ 的形狀為何？

誤解： $a\cos A = b\cos B \ \Rightarrow \ \dfrac{a}{2R}\cos A = \dfrac{b}{2R}\cos B$

（R 為 $\triangle ABC$ 外接圓半徑）

$\Rightarrow \ \sin A \cos A = \sin B \cos B$

$\Rightarrow \ \dfrac{1}{2}\sin 2A = \dfrac{1}{2}\sin 2B \ \Rightarrow \ \sin 2A = \sin 2B \ \Rightarrow \ 2A = 2B \ \Rightarrow \ A = B$

故 $\triangle ABC$ 為等腰三角形。

正解： $a\cos A = b\cos B \ \Rightarrow \ \dfrac{a}{2R}\cos A = \dfrac{b}{2R}\cos B$

$\sin A \cos A = \sin B \cos B \ \Rightarrow \ \dfrac{1}{2}\sin 2A = \dfrac{1}{2}\sin 2B$

$\Rightarrow \ \sin 2A = \sin 2B$

$\Rightarrow \ 2A = 2B \ $ 或 $ \ 2A + 2B = 180°$

$\Rightarrow \ A = B \ $ 或 $ \ A + B = 90°$

故 $\triangle ABC$ 為等腰三角形或直角三角形。

分析：當 A、B 為銳角時，$\sin A = \sin B \Rightarrow A = B$ 是對的，其他情形都要再考慮。在三角形中，$A + B < 180°$，A、B 不可能互補，但 $2A$、$2B$ 有可能互補，所以 $\sin 2A = \sin 2B$ 有可能會 $2A + 2B = 180°$。仔細考慮原因，否則就很容易誤用。

實例說明（高中三角單元）

若 $\triangle ABC$ 中，$\tan A = \dfrac{3}{4}$，$\overline{AB} = 16$，$\overline{BC} = 12$，則 $\overline{AC} = ?$

誤解：如圖，$\triangle ABC$ 兩股恰為 16 , 12，符合 $\tan A = \dfrac{3}{4}$，

所以 $\angle B = 90°$，

斜邊 $\overline{AC} = \sqrt{12^2 + 16^2} = 20$

正解：設 $\overline{AC} = x$，$\tan A = \dfrac{3}{4} \Rightarrow \cos A = \dfrac{4}{5}$

由餘弦定理得：$12^2 = x^2 + 16^2 - 2x \times 16 \times \dfrac{4}{5}$

$\Rightarrow 5x^2 - 128x + 560 = 0 \Rightarrow (x - 20)(5x - 28) = 0$

$\Rightarrow x = 20 , \dfrac{28}{5}$

分析：誤解是剛好看到一個答案代入符合，這只能表示至少有一組解。除非能確定只有一解，否則就要用正規方式看看有沒有其他解？這題實際上有兩解。

11-3　不專心的粗心錯

　　很多粗心錯都與「不專心」有關。每個人考試時當然都很專心，但是很多想不到的情況，都會使我們不自覺地分心了。假如你在考試時出現過多的粗心錯，應該努力回想考試當時是否有什麼讓自己分心的原因。以下是很多人曾經發生的狀況：

　　考試前一天要睡飽覺，精神不濟就無法專注，相對的也就容易粗心錯。

　　有時我們做題目，並不是一眼看穿題目的做法，而是邊做邊看，希望接下來能看出正確解法。因為不知能不能做得出來，或是擔心做法不對，結果一邊計算，一邊又忐忑不安，心想會不會是另一種做法才對。這樣心思雜亂，當然無法專心，也就容易粗心錯。這種情況難免發生，只能提醒自己，在這種情況下解出答案之後，更需要檢查一下。

　　另一種不專心的原因，很多同學都有經驗。考試時第5題想一想做不出來，於是先跳過這題做下面的題目，可是在做第8題時，突然想到第5題好像可以怎樣做，這表示心中仍惦記著第5題，當然就會不夠專心。所以，考試時一定要養成好習慣，**跳過的題目不要多想，專心處理正在做的題目**。

　　還有一種不專心的原因，常發生在程度較好而心思敏銳的同學身上，包括高中時代的我：常常想得比寫得還要快，於是還在計算這一步時，心中已經在想下一步要怎麼算。這時候，下一步的想法當然就干擾到這一步的計算了。

第四章

解決數學學習的問題

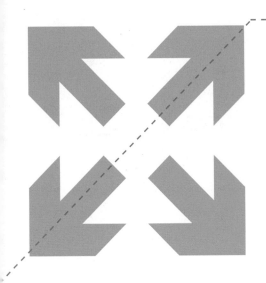

很多家長想幫助孩子，卻又感到無力，尤其是那些對數學不甚了解或早已遺忘的，所以多半只好用鼓勵或處罰的方式：「下次段考如果進步了，就……」、「下次段考再不及格，就……」這樣也許有效，可是效果通常不能持久。只有找到學不好的原因，採用正確的學習方法，才能幫助孩子。

這裡我列出最常見的一些情況，分別說明可能的原因，以及解決的方法。家長們不需要了解數學的內容，只要仔細讀過第一章，概略讀過第二章，就能夠明白孩子的問題所在，也能針對孩子的情況給予幫助。

這裡要特別提醒，多數孩子的問題都不是單一問題，可能同時有好幾個問題。最好的解決方式，還是依照本書第三章的方法，全面的深入學習數學。

1

我的孩子在學校上數學課都聽不懂，怎麼辦？

　　孩子們學不好數學，最常說的理由就是上課聽不懂。仔細與孩子討論看看，也許是老師的問題，也有很多情況是孩子的推託之詞。這不要怪孩子，當我們大人上班遲到了，也會說因為交通擁擠，鬧鐘壞了什麼的，大概很少人會對老闆說：因為我晚上熬夜看電視，所以早上起不來吧？

　　孩子上課聽不懂，原因可能有很多種，先和孩子討論是否有下列原因：

一、有的孩子不喜歡他的數學老師，不喜歡就是不喜歡，很難說出原因，也不見得是老師的問題或孩子的問題。每個班的每個科目，總有些學生喜歡老師，也有些學生不喜歡老師。孩子的思想單純，常常因為很喜歡一個老師，就對那個科目特別喜歡，也會對那個科目特別認真，反之亦然。如果孩子有好惡分明的個性，這情形可能會更嚴重。這時就該**對孩子分析數學科的重要性，即使不喜歡數學老師，也要想辦法學好數學。**

二、有的孩子會抱怨老師的教法，或說老師教得太快或太難一類的話。我們可以**與孩子討論一下，如何去適應老師的教法**，例如上課前先預習。預習的好處非常多，現在課本都寫得淺顯，中等程度的學生，預習時都可看懂一部分。預習的目的，是先具備一點基本概念，通常無法完全了解，但是等到上課時

就輕鬆一些，也會知道哪些部分困難而特別用心。**千萬不要跟著孩子批評老師的教法**，那只會幫孩子找到學不好的藉口：「都是老師教不好，不是我的錯。」孩子應該學習去適應環境，而不是只是討厭環境，忽略自己該做的事。

三、有的孩子上課時有一小段沒懂，然後後面就一直沒法再專心聽課，自然就聽不懂了；也可能孩子前一段所學的內容沒有複習，後面接續的內容就聽不懂了。這時候**要提醒孩子，一定要跟著老師的進度**，因為數學是循序漸進的。如果真有一段不懂，下課後就要想辦法補救，若拖到下次上課，問題會變得更嚴重。

四、**有時純粹是老師與孩子對數學的認知不同。**老師講解得很仔細，學生卻覺得老師囉唆；老師覺得有些東西要學生自己思考，學生卻覺得老師沒有講清楚；老師拚命多上點補充教材，學生卻覺得老師上課艱澀枯燥。這類問題形形色色，同樣的老師上課，總有些學生覺得很棒，有些學生覺得很糟，很難說問題出在老師或學生，只能說他們彼此相剋吧。

不管是上述的問題或其他問題，萬一真的無法解決，也可以考慮讓孩子去補習。不過我們要了解，補習不是萬能的，**如果學習的問題主要出在孩子本身，補習大概是沒有效果的**──應該仔細閱讀本書，改進自己的學習方法。如果學習的問題，出在孩子與學校老師之間的彼此適應，又找到一個合適孩子的補習老師，也可能就有效了。選補習老師，就像看病吃藥，不是名貴的藥就一定最好，能對症下藥最重要。多試聽幾個老師，比較一下上課方式與教學速度，尤其是講解內容能否吸收，不要被廣告花招所迷惑。正式上課以後，也要常常反問自己，補習是否對我的學習真有幫助？

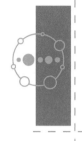

2
我的孩子上課都聽懂了，可是
考試都不理想，怎麼辦？

如果孩子覺得聽懂了，表示老師與孩子互動良好，孩子上數學課時認真而有興趣。至於孩子是真懂或自以為懂？或是其他原因考不好，就要去探究一下了。

首先，如果孩子剛上高一，孩子和家長都要趕快去適應高中的分數。也許國中常見到90多分，高中變成70多分，這不一定是退步了。先問一下孩子，班上其他同學成績大致的分布；成績應該是相對的，排名比分數更有意義。

老師各有不同的風格，有的習慣給高一生來個下馬威，也有的不希望學生馬上受到打擊，不過整體說來，高中成績都比國中低，這情況各科都差不多。高中數學內容多、變化大，千萬不要以為像國中一樣，只要多努力一點就一定可以考90多分了。如果只是一再要求孩子達到某個分數，除了增加孩子的壓力外，並沒有幫助。

再考慮一下，只是一次考不好，還是已經兩三次都不理想？如果第一次考不好，人都有失誤的可能，考試也有考運，在我看來，第十名和第十五名不一定代表程度有落差。先不要緊張，也不要苛責孩子，**多一點鼓勵通常比多一點要求更有效**。可以跟孩子談談看，為什麼這次沒考好？也許不是學習的問題。

小芸是我數理資優班的學生，她是個沉默的學生，上課很專心，但上課很少與我互動。在高一第一次段考後，小芸的媽媽打電話給我，我可以聽出她的焦慮，著急地

告訴我小芸段考從未考得如此差,她不知道該怎麼辦。我先請她別著急,等我看看她段考作答卷再說。

我重新檢視過她的考卷後,雖然分數落在中後段,但並沒有發現大問題,一般的題目有些失誤,困難的思考題也做對了一題。於是我回電小芸的媽媽,告訴她沒有關係,不用太擔心,也不需要做什麼,小芸的學習應該沒有問題,可以再觀察。

後來第二次段考,小芸就考出了好成績,小芸的媽媽再次打電話給我,謝謝我給她正確的資訊。

多半的家長也許沒有辦法像我這樣分析孩子的考卷,但一定可以**陪孩子讀一讀本書第三章,並且一起討論一下,是否真的懂了所學的數學?**新學的定義有沒有真的弄清楚?新學的定理有沒有深入探討?新學的題目能夠理解到哪個層次?這樣也可以了解到底是學習的問題,還是一時的失誤。

如果孩子真的連續兩三次數學成績不理想,就可以確定是學習出問題了,孩子心目中的懂可能不是真懂。請孩子再仔細閱讀本書第三章,想想自己是不是懂得不夠深入?或是考試的習慣不好?再依照書上所講的方法去調整。

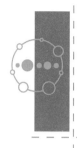

3
我的孩子小考都還不錯，可是段考就不太理想，怎麼辦？

　　如果小考都還不錯，而段考卻不理想，最可能的原因是小考時只有在強記，考完就忘了大半了，這問題比較嚴重。因為小考範圍少，如果題目變化不大，靠著熟練而不理解也能應付，尤其小考時可能只考一些基本題和標準題。

　　可是段考範圍變大，就不可能用記的了。而且大範圍中就會有一些容易混淆的題目，也會有一些有變化的思考題。這時如果理解不夠，就很難考出好成績。

　　有一個簡單的辨別方式：你可以看看孩子是不是總在小考前一天晚上才努力做數學？如果是用強記的，大概考前才會用功，由於前幾天記的東西容易忘掉，所以孩子會習慣等到最後一天再記，比較有效率。

　　這是嚴重的問題，有這種情況的孩子會越來越糟，隨著範圍越大，孩子越考不好，而推甄、指考的範圍都是段考的十幾倍。這樣的孩子有時並不知道自己的問題，只是奇怪怎麼每次都是會了又忘，久了就會喪失信心。請孩子仔細閱讀本書，了解什麼是真正的理解，才有辦法改變學習方法。

4
我的孩子總是容易粗心錯，怎麼辦？

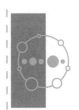

　　粗心錯總是惱人的問題，而且是每個孩子都難免會發生的，如果只是一味要求孩子細心再細心，通常也沒什麼用。這裡我想先提醒，有時候孩子認定的粗心錯，並不是純粹粗心錯，多半的粗心錯是可以避免的。

　　一般而言，一份考卷中難以避免的粗心錯不會多，理想的狀況應該是在一次以內。如果孩子每次考試都有過多的粗心錯，請孩子**仔細讀一下第三章第 10、11 節**，自己拿著考卷的錯誤對照看看，是不是有些錯誤其實是做題時沒有思考或思考不精確？是不是平時學習不徹底？是不是有些錯誤其實是可以利用良好的考試作答技巧避免？

　　總之，粗心錯可能無法完全避免，可是有很多方法，可以把粗心錯的比例降低到可接受的程度，而且必須在平常練習時就養成好習慣。

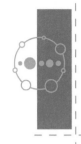

5

我的孩子記性不好，公式總是背不起來，怎麼辦？

　　公式背不起來，也是一些孩子的困擾，可是問題並不在於孩子不聰明或記憶力不好。數學本來就不需要靠很多記憶或背誦。若孩子覺得公式背不起來或背了又忘，最可能是下列兩種情形之一，也可能兩種毛病都有。

　　第一種情形是，孩子是死背公式，又沒有做足夠的練習。我所指的「死背」，是像背國文那樣連續唸很多遍，卻沒有仔細想公式的意義與用法。請孩子再**仔細讀一次第三章第2、3節**，修正自己認識公式與背公式的方法。

　　第二種情形是，孩子背了太多公式，有些看起來像公式的式子根本不需要背，算熟了就會自動記下來，也不會忘記。有的孩子很會背書，唸幾遍就記下來了，所以每次遇到時都用背公式來解決，見到公式就趕快背。剛開始感覺好像學得很快，但是日積月累下來，就記不完整或是將類似的弄混了。請孩子再仔細讀一次第三章第3節，讓孩子了解哪些公式根本不該背，應該自己去算。

　　多背公式看起來好像沒有壞處，可是時間有限，熟練10個公式，要比背100個半生不熟的公式有用多了。如果心態上就一直依賴公式，反而會阻礙原本該有的思考。

6

我的孩子各科都很好，只有數學差，怎麼辦？

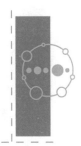

　　這是很多學生共同的問題，如果問學生最討厭哪一科，超過半數的學生都會投數學一票。孩子其他科目都很好，表示孩子聰明又認真，唯獨數學不好，那就一定是方法不對了。也許從沒有人告訴孩子，該如何學數學，甚至有可能曾經有人誤導孩子錯誤的方向。不論什麼原因，孩子可能已經養成不正確的習慣很多年了，要重新扭轉過來是很辛苦的。

　　依我過去的經驗，這類孩子其實是最難導正的，因為他們習慣固有的方式，也常對自己的讀書方式有自信。就像慣用右手的人突然強迫他用左手，初時甚至攪亂他原有的步驟而學得更糟，因此拒絕改變。不過只要努力照本書所講的方法做下去，這樣的孩子一旦適應了正確的方式，也是進步最快最多的。

　　請孩子仔細閱讀本書，尤其是第一、二章，不僅是看，更要用心去體會。錯誤的學習方式源自於對數學的誤解，先要去了解數學，能夠了解數學的本質與特性，再去想一想自己學習的方法，與本書所提的方式比較一下。自己先要明瞭以前學習方法的問題所在，然後才可能去改變學習方法。

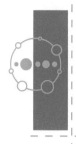

7
我的孩子每次打開數學課本就發呆，怎麼辦？

當孩子不願看數學，或看著數學課本發呆，問題已經很嚴重了。最可能的情況有兩種，而且會從第一種逐漸變成第二種，越到後來越嚴重。

第一種情況是孩子無法深入學數學，可能內容已經看了很多遍卻沒有深入，自己感覺已經會了，或者是明知道自己還沒學好，可是也不知道還能做什麼。這是一種對數學無力的感覺，只好發呆了。

第二種情況更嚴重了，當第一種情況持續一段時間後，努力也沒有收穫，任何人都會氣餒。孩子已經變得排斥數學了，俗話說的「哀莫大於心死」，對於數學的學習而言，這已經是病入膏肓了。

做父母的千萬不要責怪孩子，孩子心裡也是很苦悶的，也承受著很大的壓力。就像有些大人事業遇到瓶頸，用盡所有辦法也無法突破，面對越來越嚴重的問題，卻又束手無策，這些孩子的處境令人同情。

父母可以陪孩子一起看本書，甚至一起討論，**鼓勵孩子再給自己一個機會，按照本書的方法從頭做起**。這過程可能比較長，也需要補起以前學習的空洞，但只要走對方向，努力就會得到收穫的。

8
資優生也可能會有問題

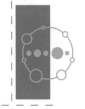

　　這裡我所指的「資優生」，是那些考上第一志願、甚至是數理資優班的學生。這些學生是令人羨慕的一群，也是父母心中的驕傲。其實部分的這些學生也隱藏著危機，只是大多數人沒有發現或不願明講，畢竟他們是天之驕子，彷彿不該有缺陷，也不該被提出。這裡我恐怕要不避諱地說，真的有少部分的優秀學生需要我們注意。

　　先說其中問題比較小的。

　　有一些資優生在國中階段並不是非常用功的，他們聰明，又抓得到讀書方法，表現多才多藝，平常也沒有補習，往往是考前才認真讀書，就能夠名列前茅。有的甚至到國三時才開始認真讀書，照樣考上第一志願。他們用聰明才智，彌補了數學基礎的缺失。

　　可是高中數學越來越深入，聰明漸漸無法再掩蓋脆弱的基礎。不少這種學生剛上高中後，依舊像在國中那樣愉快地過活，直到考試後，才驚覺原來班上都是各路英雄好漢，自己不能再像以前一樣呼風喚雨。好在這類學生多半個性開朗而且充滿自信，很快會調整自己，找到正確的學習方法。

　　不過，也有少部分學生仍然迷失在高中多采多姿的生活裡，一段日子以後，或許在高二或高三，才驚覺事態嚴重。然而已經時不我與，雖然經過努力也會有較好的表現，可是相對於他的資質，總是讓人惋惜。

　　再談一談問題較大的，其中極少數甚至隱藏重大危機。

　　有一些資優生在國中階段戰戰兢兢的，從國一到國三始終努力不懈，雖然並不是用正確的學習方法學數學，可是努力的練習也讓他們的數學得到了高分，擠進了第一志願。這時遇到了一群更強悍的競爭者，他們就變得更努力。

　　如果這時發現國中的讀書方法已經不適用，立即嘗試調整讀書方法，慢慢地找出適合的方式即可。但有時這樣的學生會有堅定的信念：「別人做得到，我也一定做得到。只要我比別人更努力，就會做得比別人更好。」其實，有些家長也是抱著這樣的信念。於是，學生可能只是加倍努力，而沒有調整讀書方法，如果再沒有成果，就變成了壓力與挫折。萬一沒有紓解管道，這會變成惡性循環。

　　其中有非常少數的這種學生，在不斷的打擊中崩潰，有的放棄自己，逃避現實，有的甚至逐漸出現躁鬱或憂鬱傾向，最嚴重的甚至產生輕生念頭。這是極少數的極端狀況，但在各個明星高中裡，真的是時有耳聞，令人惋惜。

　　這已不僅僅是數學學習問題，而是生活態度問題。**處於困境時，除了要更努力，其實更應暫停一下，思考一下，調整方向再努力，往往勝過閉著眼睛向前衝。**

閱讀筆記

閱讀筆記

附錄

簡易邏輯
——數學的規則

　　邏輯在高中數學的教材裡，一會兒出現，一會兒又拿掉，彷彿有它不太好，沒它又不對勁。我個人覺得應該學一點簡單的邏輯。

　　邏輯就是數學思考的基本規則，在共通的邏輯下，才能有精確的數學論證。可惜以前教材中有邏輯時，大家常用生活的例子去解釋，但生活中的語言與規範原本就不是那麼精確，一些不適合的例子反而將學生弄得更糊塗了。

　　這裡我盡量用簡單的數學例子，解釋一些簡單而讓學生知道怎麼用的邏輯，這些邏輯可以讓我們更精確地描述解題時的思考。

(1)　　命題：

在數學裡，一個「命題」是一個式子或一句話，而且是有對或錯可分辨的。例如：

$a^2 + b^2 = 4$

$x > 0$

$\triangle ABC$是一個直角三角形

這三個都是命題，在不同的題目中或不同的假設下，它們都可能是對的，也可能是錯的，當然也可能仍舊無法判別，但絕對不會同時又對又錯。

　　反過來說，沒有對或錯可考慮的，就不是命題。例如：

$a^2 + b^2$

$x^2 + 1$

$\triangle ABC$

這三個都不是命題。「$\triangle ABC$」是個東西，但沒有對或錯可言；「$\triangle ABC$是一個直

角三角形」可能是對的，也可能是錯的，但不可能同時又對又錯，這才是一個命題。

　　所有題目的條件、求解、求證都是命題，公式、定理是一種一定對的命題。題目的求證可以是「試證明：$\triangle ABC$是一個直角三角形」，我們就要依循邏輯，證明出「$\triangle ABC$是一個直角三角形」是對的。如果題目是「試證明：$\triangle ABC$」就是題目寫錯了，我們也不知道要做什麼，「$\triangle ABC$」沒有對錯，也無法證明它的對錯。

　　有時候題目寫得較簡略，例如：「試求x」，完整的意思應該是「試求$x = ?$」，我們的答案就是$x = 5$這一類的樣子。這些簡略寫法我們都習慣了，也不會弄錯，題目裡「$x = 7$」，我們就知道意思是「$x = 7$是對的」。

(2) 　$P \Rightarrow Q$（若P則Q）

　　「$P \Rightarrow Q$」的意思是「若命題P對的，則命題Q是對的」。注意數學的精確性：「$P \Rightarrow Q$」是對的，必須「只要當P是對的時候，Q就一定是對的」，不可以有任何例外；而沒提到的，就完全沒限制：當P是錯的，Q是對或錯皆可。例如：

　　　「$x = 3 \Rightarrow x^2 = 9$」

　　　「a，b為實數，$a^2 + b^2 = 0 \Rightarrow a = b = 0$」

　　　「$\angle BAC = 90° \Rightarrow \triangle ABC$為直角三角形」

都是對的。

　　反過來說，只要有一個反例，也就是有一種情形，P是對的，而且Q是錯的，那麼「$P \Rightarrow Q$」就是錯的。

　　例如：「$x^2 = 9 \Rightarrow x = 3$」是錯的，因為「當$x = -3$時，$x^2 = 9$是對的，而且$x = 3$是錯的」。簡單說，數學邏輯中「對」就必須永遠是對的，一種情形錯就是錯的，沒有對一半的。

數學解題的推論，經常就是一連串的「⇒」所形成的，而每一個「⇒」都必須有正確的理由。

例如：$2x - 4 = 0 \Rightarrow 2x = 4 \Rightarrow x = 2$

第一個「⇒」是由等量加法公理，等號兩邊同加4

第二個「⇒」是由等量除法公理，等號兩邊同除以2

例如：$x^2 - 4x - 5 = 0 \Rightarrow (x - 5)(x + 1) = 0$

$\Rightarrow x = 5 \text{或} -1$

高中學生大概這樣理解就夠了，請仔細考慮每一個推論。我們學數學時，起初也許都是模仿老師或書上的做法，但最後一定要變成合理的推論。

有時看到學生寫出這樣的過程：

「$x^2 - 4x - 5 \Rightarrow (x - 5)(x + 1) \Rightarrow 5 \text{或} -1$」

我會直接打錯，這沒有任何推論，只是很「像」正確的過程，卻是完全錯誤的。如果換成作文，這就類似將「因為天下雨，所以地濕了，因此棒球賽延期」寫成「因為天，所以地，因此棒球賽」，完全不知所云。

「$P \Rightarrow Q$」也可以寫成「$Q \Leftarrow P$」，只要認箭頭方向，就不會出錯；不論哪一種寫法，都可以說「P是Q的**充分條件**」或「Q是P的**必要條件**」。

我們可以用中文意思去想：若要證明Q是對的，只要能證明P是對的，理由就很充分了，所以P是Q的充分條件；若要證明P是對的，則Q必須是對的，而且只有Q是對的還不夠，所以Q是P的必要條件。

只要有一個例外，就可以說「$P \Rightarrow Q$」是錯的。例如：「$\triangle ABC$為直角三角形 $\Rightarrow \angle A = 90°$」是錯的。

在思考上，我們可以覺得在「$\triangle ABC$為直角三角形」的條件下，「$\angle A = 90°$」有時是對的或可能是對的，不過在數學判斷上，不是「永遠對」就是「錯」。所以只要有

一個反例（P是對的而且Q是錯的），「$P \Rightarrow Q$」就不成立。例如：

「任意實數的平方都是正數」是錯的，因為$0^2 = 0$不是正數。

「$x > 3 \Rightarrow x < 6$」是錯的，因為$x = 7$是一個反例。

「$x^2 = 4 \Rightarrow x = 2$」是錯的，因為$x = -2$是一個反例。

「$x > 6 \Rightarrow x > 3$」就是對的，沒有任何反例；$x = 4$不是反例，要滿足$x > 6$
　　　而且不滿足$x > 3$的才是反例。

　　在實際的數學書或題目裡，命題常常寫得很簡化，我們也不至於誤會，例如「$x = 2$，……」，精確的意思是「若$x = 2$是對的，……」。通常「若」、「是對的」都會省略，但當我們要仔細考慮邏輯關係時，就要自行加入再判斷。

(3)　　「且（$\wedge$）」、「或（$\vee$）」

　　「P且Q」是對的，表示P和Q都是對的。 反過來說，P和Q只要有一個錯，則「P且Q」是錯的。當然，若P和Q都是錯的，則「P且Q」也是錯的。

　　「P或Q」是對的，表示P和Q至少有一個是對的， 當然兩個都對也可以。反過來說，只有P和Q都錯時，「P或Q」才是錯的。例如：

「若$x = 0$且$y = 0$，則$x^2 + y^2 = 0$」是對的。

「若$x = 0$或$y = 0$，則$x^2 + y^2 = 0$」是錯的。

「若$xy = 0$，則$x = 0$且$y = 0$」是錯的。

「若$xy = 0$，則$x = 0$或$y = 0$」是對的。

「若$x^2 + y^2 = 0$，則$x = 0$且$y = 0$」是對的。

「若$x^2 + y^2 = 0$，則$x = 0$或$y = 0$」也是對的。

請仔細辨別一下上面六個命題的對錯，試著對每一個命題去舉反例，其中第六個常有同學會弄錯。

在實際的數學書或題目裡，「且」是可以省略的，但「或」不能省略，如果題目是「$x = 2$，$y = 3$，……」就表示「$x = 2$ 且 $y = 3$，……」。也有幾種情形，大家已經習慣的寫法就是那樣，例如解方程式時，很多人會將最後結果寫成「$x = 2$，3」，意思是「$x = 2$ 或 3」，不過我還是建議大家寫後者較好。

有些常見的寫法，也要精確地認識：

「$a + 2b - 3c = 2a - b = 3a + c$」表示「$a + 2b - 3c = 2a - b$ 且 $2a - b = 3a + c$」；

「$x < y < x^2 + 2$」表示「$x < y$ 且 $y < x^2 + 2$」。

(4)　　$P \Leftrightarrow Q$（若 P 則 Q 且若 Q 則 P）

傳統上「$P \Leftrightarrow Q$」翻譯成「若且唯若 P 則 Q」，這是將「if and only if P, then Q」直譯成文言文，聽起來很不親切，直接看英文還比較容易了解。

「$P \Leftrightarrow Q$」就是「$(P \Rightarrow Q)$ 且 $(Q \Rightarrow P)$」，此時，P 與 Q 互為**充分必要條件**或簡稱**充要條件**，也可以說 P 與 Q 兩個命題**等價**。

直觀來說，就是當 P 對的時候，Q 也會對，且當 Q 對的時候，P 也會對。反過來說，當 P 錯的時候，Q 也會錯，當 Q 錯的時候，P 也會錯。「P 是對的」與「Q 是對的」意義是完全相同的。

只有「$P \Rightarrow Q$」對而「$Q \Rightarrow P$」錯時，P 與 Q 並不等價，事實上，滿足 Q 的範圍比滿足 P 的範圍更大，例如：

$x = 3 \Rightarrow x^2 = 9$，但逆推就不對；$x^2 = 9 \Leftrightarrow x = 3$ 或 -3，所以「$x^2 = 9$」的範圍比「$x = $

3」的範圍大。

$\angle BAC = 90°$ ⟹ $\triangle ABC$ 為直角三角形，但逆推就不對；事實上，$\triangle ABC$ 為直角三角形 ⟺ $\angle BAC = 90°$ 或 $\angle ABC = 90°$ 或 $\angle ACB = 90°$。

如果題目有一個條件 P，而且 P 與 Q 互為充要條件，則將條件 P 換成條件 Q，也可以做出題目。當題目的條件 P 有很多個充要條件時，我們要從各個充要條件中，選擇與求解較有關聯、或比較好用的充要條件，去找答案。

(5)　「非（~）」

「非 P」是對的，就表示 P 是錯的，反過來說，「非 P」是錯的，就表示 P 是對的。用更貼近口語的說法，「非 P」就是「P 是錯的」。

狄摩根定律：

$$\sim (P \wedge Q) \Leftrightarrow (\sim P) \vee (\sim Q)$$
$$\sim (P \vee Q) \Leftrightarrow (\sim P) \wedge (\sim Q)$$

注意兩邊的「且」與「或」是相對的。簡單地說，

「(P 且 Q) 是錯的」⟺「(P 是錯的) 或 (Q 是錯的)」；
「(P 或 Q) 是錯的」⟺「(P 是錯的) 且 (Q 是錯的)」。

這點與我們口語的邏輯是完全符合的。如果我只吃「又大又甜」的橘子，就表示我不吃「不大或不甜」的橘子；如果我只穿「流行或舒適」的衣服，就表示我不穿「不流行且不舒適」的衣服。

(6)　　「$P \Rightarrow Q$」$\Leftrightarrow$「$\sim Q \Rightarrow \sim P$」

　　「$x = 3 \Rightarrow x^2 = 9$」是對的，則「$x^2 \neq 9 \Rightarrow x \neq 3$」也對；「$\angle BAC = 90° \Rightarrow \triangle ABC$為直角三角形」是對的，則「$\triangle ABC$不為直角三角形 $\Rightarrow \angle BAC \neq 90°$」也對。

　　仔細想想原因，如果「$P \Rightarrow Q$」是對的，可能P對且Q對，可能P錯且Q對，也可能P錯且Q錯，唯一不可能的情況是P對且Q錯，在三種可能的情況下，如果Q錯，就一定是P錯且Q錯的情形，也就是說P一定錯了。

　　高中數學裡偶爾會用到反證法或歸謬證法，理由就可以看成這個規則。

(7)　　使用「$P \Rightarrow Q$」而不能逆推時，必須驗算

　　這裡的驗算不是防止粗心錯，而是推論本身有瑕疵，必須去驗算。多半學生會記得在某些過程後必須驗算，能弄清原因更好，因為使用「$P \Rightarrow Q$」而不能逆推的推論後，Q的範圍可能比P大，也就是Q的解中有可能不是原本P的解，所以必須驗算。例如：「$a = b \Rightarrow a^2 = b^2$」就是不能逆推的，所以方程式兩邊平方後就一定要驗算。

(8)　　常犯錯誤 1：證明題倒因為果

題目：試證明 $\sin\theta(1+\tan\theta)+\cos\theta(1+\cot\theta)=\sec\theta+\csc\theta$。

如果像下面這樣寫答案，就有**嚴重的錯誤**：

$$\sin\theta(1+\tan\theta)+\cos\theta(1+\cot\theta)=\sec\theta+\csc\theta$$

$$\Rightarrow \sin\theta(1+\frac{\sin\theta}{\cos\theta})+\cos\theta(1+\frac{\cos\theta}{\sin\theta})=\frac{1}{\cos\theta}+\frac{1}{\sin\theta}$$

$$\Rightarrow \sin\theta+\frac{\sin^2\theta}{\cos\theta}+\cos\theta+\frac{\cos^2\theta}{\sin\theta}=\frac{1}{\cos\theta}+\frac{1}{\sin\theta}$$

$$\Rightarrow \sin\theta+\cos\theta=\frac{1-\sin^2\theta}{\cos\theta}+\frac{1-\cos^2\theta}{\sin\theta}$$

$$\Rightarrow \sin\theta+\cos\theta=\frac{\cos^2\theta}{\cos\theta}+\frac{\sin^2\theta}{\sin\theta}$$

$$\Rightarrow \sin\theta+\cos\theta=\sin\theta+\cos\theta \Rightarrow 0=0，得證。$$

這是一種思考方式或分析題目的方法，可是證明不能這樣寫。仔細用邏輯想一想，這樣寫到底證明了什麼？經過複雜運算證明出了「$0=0$」，錯誤當然不只這樣，將題目的求證當成已知來推論，從頭就錯。這樣的寫法一定會被扣分，有些老師甚至會完全不給分。

比較一下一種正確的寫法：

$$左式=\sin\theta(1+\frac{\sin\theta}{\cos\theta})+\cos\theta(1+\frac{\cos\theta}{\sin\theta})$$

$$=\sin\theta+\frac{\sin^2\theta}{\cos\theta}+\cos\theta+\frac{\cos^2\theta}{\sin\theta}$$

$$= (\sin\theta + \frac{\cos^2\theta}{\sin\theta}) + (\cos\theta + \frac{\sin^2\theta}{\cos\theta})$$

$$= \frac{\sin^2\theta + \cos^2\theta}{\sin\theta} + \frac{\cos^2\theta + \sin^2\theta}{\cos\theta}$$

$$= \frac{1}{\sin\theta} + \frac{1}{\cos\theta} = \csc\theta + \sec\theta = 右式，得證。$$

這樣才是證明出：左式＝右式，也是題目要證明的。

一般證明等式 $A = B$ 時，常用的方式有下列兩種：

「$A = \cdots\cdots = B$，得證」：通常由複雜的一側往簡單的一側證明。

「$A - B = \cdots\cdots = 0$，所以 $A = B$，得證」：兩側都複雜時，可以這樣證明。

所有同學都應該熟悉這樣的格式。

(9)   常犯錯誤2：敘述不清

有些學生只是在模仿老師的寫法，卻沒有用邏輯的推論，看起來只有一兩個字的差別，意思就完全不同了。在高中第一冊的數學歸納法裡，將「假設當 $n = k$ 時，原式成立，……」寫成「假設 $n = k$，……」，少了兩個字，意義就完全不同：原本是假設「原式成立」，現在變成假設「$n = k$」了。

(10) 常犯錯誤 3:「則（⇒）」的誤解

考題中常出現類似下面的例子,而且總有學生弄錯:

「x 為實數,$y = x^2 - 2x + 4$,則 $y \geq 1$」是對的還是錯的?

因為 $y = x^2 - 2x + 4 = (x-1)^2 + 3 \geq 3$,所以 $y \geq 3$,接著,重新再考慮「$y \geq 3$ 則 $y \geq 1$」對不對?從邏輯仔細考慮,當然是對的。這常是選擇題的一個選項,必須要選,而且真的由邏輯去了解它是對的。

下面相近的兩個寫法就是錯的:

「x 為實數,$y = x^2 - 2x + 4$,則 y 的最小值是 1」是錯的;y 的最小值是 3,最小值是能夠達到的數值裡最小的。

「x 為實數,$y = x^2 - 2x + 4$,則 y 的範圍是 $y \geq 1$」也是錯的;「y 的範圍」是指所有可能的 y 值。

也許有同學覺得幾種寫法都差不多,數學的規則裡沒有「差不多」,邏輯裡只能有對與錯兩種,沒有「大概對」或「好像對」。

其實也有很多同學原本的思考就符合邏輯,不需要學習邏輯,憑直覺就能正確推論無誤。比較糟糕的是,有些學生的習慣就是按照老師的寫法寫一次,不是心中沒有邏輯,而是不用邏輯去思考數學。

以下是我與女兒(當時小學二年級)的對話,我常叫她笨頭,當然她很聰明,「笨頭」只是我對她常用的暱稱。她當然很不喜歡這個「暱稱」,但也陪她度過很多快樂時光。請各位找出我在邏輯使用上的錯誤。

狀況一

爸：妳是笨頭，對不對？

女：不對！

爸：笨頭都不承認自己是笨頭，所以妳是笨頭。

女：……＃＄＆＊

狀況二

爸：妳是笨頭，對不對？

女：嗯……，對！

爸：不是笨頭的人都不承認自己是笨頭，所以妳是笨頭。

女：……＃＄＆＊

狀況三

爸：妳是笨頭，對不對？

女：嗯……，嗯……，我先問你，爸爸是笨頭，對不對？

爸：……＃＄＆＊

　　當然，我事後對她解釋了中間的邏輯錯誤，但當時她也找到另一種詭辯的方法來對付我。

閱讀筆記

國家圖書館出版品預行編目資料

如何學好中學數學 / 任維勇 著；-- 第二版.
-- 臺北市：遠見天下文化，2012.11
面；公分. -- (科學天地；401A 觀念數
學；1)

ISBN 978-986-320-081-9 (平裝)

1. 數學教育 2. 中等教育

524.32   101023267

科學天地 401C

觀念數學 1——如何學好中學數學

作　　者／任維勇
顧 問 群／林　和、牟中原、李國偉、周成功
總 編 輯／吳佩穎
責任編輯／畢馨云
封面設計暨美術編輯／江儀玲

出版者／遠見天下文化出版股份有限公司
創辦人／高希均、王力行
遠見 ‧ 天下文化 事業群董事長／高希均
事業群發行人／CEO ／王力行
天下文化社長／林天來
天下文化總經理／林芳燕
國際事務開發部兼版權中心總監／潘欣
法律顧問／理律法律事務所陳長文律師　　著作權顧問／魏啟翔律師
社　　址／台北市 104 松江路 93 巷 1 號 2 樓
讀者服務專線／ (02) 2662-0012　　傳真／ (02) 2662-0007；2662-0009
電子信箱／ cwpc@cwgv.com.tw
直接郵撥帳號／ 1326703-6 號 遠見天下文化出版股份有限公司

電腦排版／極翔企業有限公司
製 版 廠／東豪印刷事業有限公司
印 刷 廠／柏晧彩色印刷有限公司
裝 訂 廠／聿成裝訂股份有限公司
登 記 證／局版台業字第 2517 號
總 經 銷／大和書報圖書股份有限公司 電話／ (02) 8990-2588
出版日期／ 2012 年 11 月 28 日第二版第 1 次印行
　　　　　 2023 年 5 月 8 日第四版第 1 次印行

定　　價／ 500 元

4713510943601
書號：BWS401C
天下文化官網　bookzone.cwgv.com.tw